ZHONGGUO MINZU DIQU JINGJI FAZHAN BAOGAO

中国民族地区经济发展报告

（2017）

国家民族事务委员会经济发展司　编

民族出版社

《中国民族地区经济发展报告（2017）》

编委会

《中国民族地区经济发展报告（2017）》

课题组

课题组顾问：乐长虹

课题组负责人：李俊杰　王海青

课题组成员：朱卫东　万晓璐　马　帅

何立华　范小仲　毛中明

熊　芳　何　锋　孟庆雷

前　言

党的十八大提出，到2020年全面建成小康社会，而实现这一宏伟目标最艰巨最繁重的任务在农村，特别是在贫困地区，加快民族地区经济发展是我国全面建设小康社会的重点和难点。开展民族地区经济形势分析研究，对于促进少数民族和民族地区加快发展，确保民族地区与全国同步全面建成小康社会，促进各民族共同团结奋斗、共同繁荣发展有着重大的理论意义和突出的现实价值。

以习近平同志为总书记的党中央，高度重视民族地区的经济社会发展。2016年，在党中央和国务院的正确领导下，民族地区各级干部群众全面贯彻落实党的十八大和十八届三中、四中、五中、六中全会精神，深入学习贯彻习近平总书记系列重要讲话精神，统筹推进“五位一体”总体布局和协调推进“四个全面”战略布局，坚持新发展理念，积极适应把握引领经济发展新常态，以推进供给侧结构性改革为主线，有效应对经济下行压力继续加大等严峻挑战，克难奋进、主动作为，抓早抓实、精准发力，采取一系列既利当前更惠长远的举措，稳增长、促改革、调结构、惠民生、防风险，推动经济社会发展稳中有进、稳中向好，实现了“十三五”良好开局。总体上看，我国经济长期向好的基本面没有改变，仍处于发展大有作为的重要战略机遇期。

《中国民族地区经济发展报告（2017年）》一书，通过分析研究2016年民族地区经济运行状况和当前民族地区的农牧业、工业、服务业发展情况，剖析民族地区经济发展中存在的突出问题与特殊困难，最后有针对性地提出对策建议，以期为国家出台相关支持政策提供决策参考。

需要说明的是，书中不妥之处，敬请读者指正，以便我们更好地改进工作，更好地为各级领导和社会公众服务。

编　者

2017 年 8 月

目　录

第一篇　总报告

第二篇　行业报告

第三篇　地区报告

第一篇 总报告

李昌平在全国民族经济工作暨民族地区经济形势分析现场会上的讲话

国家民委副主任　李昌平

（2017 年 4 月 20 日）

全国民族经济工作暨民族地区经济形势分析会议的主要任务是，以党的十八届六中全会、中央民族工作会议精神为指导，全面贯彻中央经济工作会议、全国“两会”的决策部署，认真总结 2016 年民族经济运行情况，客观分析经济发展面临的形势任务，研究部署 2017 年民族经济工作。

刚才，辽宁、湖南、广西、云南等四省（区）的同志作了大会发言，既讲成绩经验，又讲困难问题，既讲思路举措，又讲信心决心，听了很受启发、倍受鼓舞。国家统计局、工信部、财政部等有关司局的同志给大家介绍了发展政策，提出了工作要求，指明了努力方向。大家一致认为，很有收获，信心大增。下面，我就进一步推动民族经济加快发展讲几点意见，供大家参考。

一、正确认识国际国内经济形势，牢牢把握我国经济发展趋势

从国内形势看，中央召开经济工作会议，科学分析了当前国际国内经济形势，全面总结了 2016 年的经济工作，明确提出了 2017

年的总体要求、政策取向、主要任务和工作措施，我们可以从以下几方面进行把握。

（一）正确认识经济形势总体向好的基本判断

2016 年以来，面对复杂多变的国际环境、艰巨繁重的国内改革发展稳定任务，中央加强和改善党对经济工作的领导，牢牢把握经济社会发展主动权，统筹推进“五位一体”总体布局，协调推进“四个全面”战略布局，全面贯彻落实五大新发展理念，坚持稳中求进的工作总基调，以供给侧结构性改革为主线，适度扩大总需求，全面深化改革开放，妥善应对风险挑战，引导形成良好社会预期，实现了“十三五”经济运行开门红。经济形势缓中趋稳、稳中向好，经济运行质量提高、效益提升，速度保持在合理区间；经济转型升级发展、结构优化，创新驱动能力逐步增强；主要领域具有“四梁八柱”性质的改革框架基本形成，对外开放布局进一步完善；人民生活持续改善，贫困人口减少 1240 万；生态环境有所好转，绿色发展初见成效。我国经济长期向好的基本面没有改变，现在仍然处于可以大有作为的重要战略机遇期。

（二）准确把握经济工作稳中求进的总基调

中央经济工作会议要求，全面贯彻党的十八大和十八届三中、四中、五中、六中全会精神，统筹推进“五位一体”总体布局，协调推进“四个全面”战略布局，坚持稳中求进的工作总基调，牢固树立和贯彻落实新发展理念，适应把握引领经济发展新常态，坚持以提高发展质量和效益为中心，坚持宏观政策要稳、产业政策要准、微观政策要活、改革政策要实、社会政策要托底的政策思路，坚持以推进供给侧结构性改革为主线，适度扩大总需求，加强预期引导，深化创新驱动，全面做好稳增长、促改革、调结构、惠民生、防风险各项工作，促进经济平稳健康发展和社会和谐稳定，以优异成绩迎接党的十九大胜利召开。会议强调，“稳中求进”既是治国理政的重要原则，也是做好经济工作的总基调、方法论。稳是主基调，稳是大局。要在稳的前提下，在关键领域有所进取，在把握好度的前提下，积极主动、奋发有为。我们一定要主动适应、把握、引领经济发展新常态，切实把思想和行动统一到中央对经济形势的科学判断上来，统一到中央对经济工作的决策部署上来。

（三）牢牢抓住供给侧结构性改革的重点任务

2016 年，党中央以“三去一降一补”五大任务为抓手，推动供给侧结构性改革取得初步成效。今年，要进一步统一思想、统一行动，明确重点、乘势而上。一是深入推进“三去一降一补”。去产能方面，在维护社会稳定、金融稳定的前提下，着力化解钢铁、煤炭等行业过剩产能；去库存方面，重点解决三四线城市房地产库存过多问题；去杠杆方面，在控制总杠杆率的前提下，把降低企业杠杆率作为重中之重；降成本方面，在减税、降费、降低要素成本上加大力度，降低制度性交易成本；补短板方面，扎实推进脱贫攻坚，既补硬短板，也补软短板，既补发展短板，也补制度短板。二是深入推进农业供给侧结构性改革。今年，中央 1 号文件进一步明确了农业供给侧结构性改革的总体要求、主要任务和具体措施。“民以食为天，食以安为本”。要突出农产品质量安全，促进农业绿色发展，狠抓农产品生产标准、品牌创建和质量安全。加大农村环境突出问题综合治理力度，加大土地休耕试点和退耕还林还草还湖力度等。三是深入推进实体经济振兴发展。以提高质量和核心竞争力为中心，坚持创新驱动发展，扩大高质量产品和服务供给，用新技术、新业态全面改造、提升传统产业。四是促进房地产市场平稳、健康发展。“房子是用来住的，不是用来炒的。”要综合运用土地、金融、财税、投资、立法等手段，抑制房地产泡沫，防止出现大起大落。

从国际形势看，概括起来，全球经济复苏乏力，贸易保护主义倾向抬头，“逆全球化”思潮日益显现，经济政策缺乏协调性。4月18日，国际货币基金组织《世界经济展望》报告预测，2017年全球经济增长率为3.5%，预计新兴市场和发展中经济体的经济活动将显著增强，因为在大宗商品价格部分恢复的支撑下，面临宏观经济压力的大宗商品出口国的经济状况有望逐步好转，预计中国和其他许多大宗商品进口国的经济增长将保持强劲态势。尽管经济出现好转迹象，但下行风险依然存在。

报告认为，下行风险主要源于内向型政策倾向实行保护主义，导致全球经济增长因国际贸易和跨境投资减少而放缓；美国加息步伐快于预期，可能导致全球金融状况更快收紧，对脆弱经济体造成不利影响；金融监管大力收缩，可能刺激过度冒险并增加未来发生金融危机的可能性；新兴市场经济体金融状况收紧，以及其他新兴市场经济体资产负债表薄弱持续存在；在发达经济体中部分产能大量过剩，需求疲软、通胀低迷、增长乏力，相互之间形成了负面反馈循环；地缘政治、国内治理、腐败风险、极端天气、恐怖主义和安全问题等非经济因素。因此，政策选择对于规划未来和减少风险至关重要。全球经济复苏乏力，在大宗商品价格大幅调整之后，许多经济体正在寻求提升增长潜力、包容性和应变力。开放的贸易、灵活的汇率和强有力的体制，有助于新兴市场和发展中经济体增强从外部条件中获得增长动力。

面对复杂多变的国际国内经济形势，民族经济面临的挑战更多了，肩上的责任更重了，工作的要求更高了。我们要振奋精神、攻坚克难，直面挑战、敢于担当，不断推动民族经济发展迈上新台阶。

二、深刻认识民族地区面临的新形势、新特点，加快民族地区全面建成小康社会步伐

2016年，民族地区全面贯彻中央关于经济工作的决策部署，以推进供给侧结构性改革为主线，有效应对经济下行压力加大的严峻挑战，着力稳增长、促改革、调结构、惠民生、防风险，推动经济社会发展稳中有进、稳中向好。2016年，民族地区实现地区生产总值79972亿元，同比增长8.1%，高于全国0.7个百分点，其中贵州、西藏同比分别增长10.5%、10.0%，位居全国第二、第三位；固定资产投资79883亿元，同比增长12.0%，高于全国3.9个百分点；农村居民人均可支配收入9559元，同比增长9.0%，高于全国0.8个百分点。我们在肯定成绩的同时，也必须正视困难和问题。

一是脱贫攻坚难度增大。由于历史、地理和社会等原因，民族地区致贫因素多元叠加、成因复杂、表现特殊。近年来，在全国贫困人口大幅减少的情况下，民族地区贫困人口占全国贫困人口的比重逐年增加，从2010年的30.4%上升到2016年的32.6%。2016年，民族地区有农村贫困人口1411万人，贫困发生率高于全国4.8个百分点；全国建档立卡贫困人口中，少数民族贫困人口占26.3%；全国建档立卡贫困村中，民族地区贫困村有3.2万个，占29.0%。

二是经济增长压力加大。民族地区产业结构单一，新旧动能转换尚未完成，经济增长压力较大。2016年，民族地区经济同比增长8.0%，增速比上年下降0.6个百分点，除云南、宁夏外，其他六个省区增速回落。地方公共财政预算收入增速比上年下降3.5个百分点，财政收支矛盾加剧，财政政策空间缩小。

三是结构调整任务艰巨。产业结构调整处于爬坡过坎的阶段，

应用市场化手段调整结构的办法不多，融资难、融资贵问题依然突出，实体经济经营成本偏高，企业成本仍呈上涨趋势，稳增长、促就业压力很大，惠民生、补短板任务繁重，生态保护、基础设施和公共服务与群众的期望相去甚远，推进农业供给侧结构性改革更为迫切，优质农产品品牌不强，产业化龙头企业量少质弱，农民持续增收面临很多困难。

四是自我发展动力不足。受市场需求不足、投资意愿下降的影响，民族地区民间投资增速放缓。2016 年，民族地区民间投资同比增长2.5%，低于全国0.7 个百分点，比2015 年、2014 年分别回落了 1.4 和 17.8 个百分点。民间投资占固定资产投资 45%，增速放缓必然弱化经济发展的内生动力。

五是生态保护任重道远。民族地区还处于工业化初期，经济增长主要靠增加投入和消耗资源。高能耗、高排放、高污染，使生态保护压力加大。民族地区大多是禁止开发和限制开发区，关停污染企业，实施生态移民，可能会对短期发展产生影响，处理好生态保护和加快发展的关系，是民族地区面临的重大课题。

虽然民族地区存在不少困难，但也面临很多机遇。习近平总书记多次深入民族地区，强调“到 2020 年全面建成小康社会，任何一个地区、任何一个民族都不能落下”。我们一定要按照党中央的决策部署，加快民族地区全面建成小康社会的步伐。

（一）加大投入补短板，深化改革调结构

坚定不移推进供给侧结构性改革。一是着力补齐基础设施、产业发展、脱贫攻坚、生态环保、科技创新、教育卫生等领域短板。二是持续深化行政审批和商事制度改革，减少政府对市场的过多干预。三是深入推进农业供给侧结构性改革，以保障有效供给、增加农民收入为主要目标，以提高农产品供给质量为主攻方向，挑战传统农业，构建现代农业，优化农业产业体系、生产体系、经营体

系、服务体系，把民族地区的特色小产品做成农民群众的增收大产业。

（二）脱贫攻坚扶真贫，凝心聚力惠民生

习近平总书记要求，在脱贫攻坚进程中扶持谁、谁来扶、怎么扶、如何退，全过程都要精准，需要下一番“绣花”功夫。各地要按照“五个一批”的路径，落实“六个精准”的要求，推动扶贫政策精准落地。要守住扶真贫、真扶贫的底线，杜绝贫困群众“被脱贫”“数字脱贫”。“授人以鱼，不如授人以渔。”扶贫重在扶志，贵在扶智。要鼓励和引导贫困群众自力更生、自强不息，通过科教扶贫、产业扶贫，破解产业发展难题，选准主导产业，明确主攻方向。要完善金融、文化、教育、科技、医疗、卫生、土地、生态等扶贫政策体系，实现扶贫政策与低保制度相衔接。要注重后续扶持，推动稳定脱贫。

（三）发挥优势育产业，自我发展添动力

习近平总书记强调“着力培育民族地区特色优势产业，有序开发民族地区特色优势资源”。各地要依托自然资源，发挥比较优势，进一步加快产业结构调整步伐，推动产业转型升级发展，打造一批特色优势产业，培育新的经济增长点。“无农不稳，无工不富，无商不活”，形象地说明了产业发展的重大意义。要注重一二三产业融合发展，大力培育新模式、新形态、新业态，大力发展现代农牧业、民族手工业、文化旅游业，努力提升品牌培育和质量管理水平。

（四）扩大开放增活力，外引内联拓空间

发挥沿边优势，支持边境贸易，鼓励边贸产品落地加工。边贸政策是国家给边民的政策，边民要以灵活多样的形式参与，而绝不

能只是让边民当看客。要加快开发开放试验区、跨境经济合作区、综合保税区及口岸基础设施现代化建设，加强与沿海沿边地区通关一体化合作，进一步提升外贸便利化水平。要深化与“一带一路”沿线国家和地区在科技、教育、文化、卫生、体育、旅游、环保等领域的交流合作，与周边省区健全协作机制，构筑优势互补、良性互动的区域发展新格局。

（五）生态保护建屏障，绿色发展可持续

习近平总书记对生态保护高度重视，指出“绿色发展是民族地区发展的‘利器’”。民族地区要建立完善主体功能区制度、生态补偿机制、资源环境监测预警机制，为生态文明建设提供制度保障。要加强节能环保和生态建设，推动绿色低碳发展取得新进展。要落实好绿色发展理念，坚持节约资源和保护环境的基本国策，坚持可持续发展和人与自然的和谐发展。要未雨绸缪，随时准备打一场大气、水土污染治理的人民战争，让天蓝、地绿、山清、水秀永远留在民族地区。

三、围绕“十三五”规划工作重点，扎实做好2017年民族经济工作

2017年，要认真贯彻中央民族工作会议、中央经济工作会议、全国民委主任会议精神，努力践行习近平总书记系列重要讲话精神，创新思路、科学谋划、扎实抓好民族经济工作，加快推进民族地区经济社会发展。

（一）实施好“十三五”促进民族地区和人口较少民族发展规划、兴边富民行动规划

《“十三五”促进民族地区和人口较少民族发展规划》《兴边

富民行动“十三五”规划》是民族地区全面建成小康社会的行动纲领。落实两个规划，要重点抓好扶持人口较少民族发展、实施兴边富民行动、少数民族特色村镇保护发展、少数民族传统手工艺品保护发展等四件大事。要把规划确定的目标任务、政策措施纳入到各地各部门规划、计划中，纳入到具体工作中，推动民族地区攻坚克难、加快发展，与全国一道如期全面建成小康社会。

（二）落实好国家支持民族地区经济社会发展的差别化政策

在国家“十三五”规划纲要中，把“推动民族地区健康发展”“推进边疆地区开发开放”单列成节，系统部署，把“民族地区奔小康行动”纳入“特殊类型地区发展重大工程”统筹规划，大力推进。《“十三五”促进民族地区和人口较少民族发展规划》提出了财政、投资、金融、产业、土地、社会、环境、人才、帮扶等九大支持政策，《兴边富民行动“十三五”规划》强调要按照差别化原则，优先支持边境地区改革创新，加快发展。在促进民族经济发展方面，中央出台了很多含金量很高、操作性很强的特殊政策，比如支持沿边重点地区开发开放政策、支持特困“三州”加快建设小康社会政策等，体现了党和国家对少数民族群众的亲切关怀、对民族经济工作的高度重视，我们一定要加强同有关部门的沟通、协调，确保把中央的关心送到少数民族群众的心坎上。

（三）强力推进民族地区的精准扶贫、精准脱贫与全面小康进程

少数民族贫困地区是贫困人口最密、贫困程度最深、扶贫难度最大的区域，是脱贫攻坚战的“主战场”，是最难啃的“硬骨头”。打赢脱贫攻坚战，对于维护民族团结、社会稳定、祖国统一和边防巩固，确保全面建成小康社会，具有十分重大的现实意义。我们要

进一步学习领会中央关于打赢脱贫攻坚战的重大意义，进一步提高对脱贫攻坚长期性、艰巨性和复杂性的认识，进一步增强政治责任感、历史使命感和时代紧迫感，进一步坚定打赢脱贫攻坚战的信心和决心，按照习近平总书记“七个强化”的要求，积极配合有关部门，深入研究民族地区脱贫攻坚面临的新情况、新问题，对特困地区有针对性地采取过硬措施，全力推进精准扶贫、精准脱贫，确保民族地区如期实现脱贫攻坚目标。

（四）加强民族经济统计监测和形势分析，发挥好党和政府的参谋、助手作用

经济统计监测和形势分析是制定方针政策、编制规划计划的重要依据，是民族经济的基础性工作。2016 年，中办、国办《关于深化统计管理体制改革提高统计数据真实性的意见》明确了深化统计管理体制改革、提高统计数据真实性的重要意义、总体要求和重点措施。各地要重视民族经济统计监测和形势分析，建立统计队伍，开展业务培训，注意创新统计数据质量审核机制。要定期分析和准确把握民族经济运行态势，研究提出相关政策建议，当好党和政府的参谋、助手。多年来，民族经济统计工作得到了统计、发改、经信、财政等部门的支持和帮助。在此，我代表国家民委表示衷心感谢！

（五）加强干部队伍建设，提高领导和驾驭民族经济工作的能力水平

把贯彻落实全面从严治党要求体现在党领导经济工作之中，把落实党中央关于经济工作的决策部署作为政治责任，党中央制定的方针政策必须执行，党中央确定的改革方案必须落地，把党对经济工作的领导落到实处。切实增强责任意识和担当精神，按照党中央、国务院的要求，抓好责任落实和监督检查。有计划、有重点、

有针对性地加强干部队伍政策理论学习，进一步提高干部队伍的学习能力、研究能力、协调能力和执行能力。加强规划实施与监管，强化资金管理使用和监督检查，做好各类资金绩效评价工作。

同志们，新任务对民族地区发展提出了新要求，大家责任重大、使命光荣。我们要更加紧密地团结在以习近平同志为核心的党中央周围，不忘初心，继续前进，为谱写“中华民族一家亲，同心共筑中国梦”的新篇章作出新的更大的贡献，以更加优异的成绩迎接党的十九大胜利召开！

2016年民族地区经济形势分析报告

2016年，在党中央和国务院的正确领导下，民族地区（即内蒙古、广西、西藏、宁夏、新疆5个自治区和云南、贵州、青海3个多民族省，下同）各级干部群众全面贯彻落实党的十八大和十八届三中、四中、五中、六中全会以及中央民族工作会议精神，深入学习贯彻习近平总书记系列重要讲话精神和治国理政新理念、新思想、新战略，按照党中央统筹推进“五位一体”总体布局、协调推进“四个全面”战略布局的要求，坚持新发展理念，积极适应、把握、引领经济发展新常态，以推进供给侧结构性改革为主线，有效应对经济下行压力，克难奋进、主动作为，抓早抓实、精准发力，采取一系列既利当前，更惠长远的举措，全面做好稳增长、促改革、调结构、惠民生、防风险各项工作，推动经济社会发展稳中有进、稳中向好，实现了“十三五”良好开局。

一、2016年民族地区经济运行总体情况

（一）经济健康稳定增长

面对复杂、严峻的经济形势和艰巨繁重的改革发展任务，民族地区坚持稳中求进的工作总基调，大力推进供给侧结构性改革，较好地完成了全年主要目标任务。2016年，民族地区实现生产总值

79972 亿元，同比增长 8.1%，高于全国加总 0.7 个百分点。[①] 其中，贵州、西藏同比增长分别达到 10.5%、10.0%，位居全国第二、第三位。第一产业实现增加值 10684 亿元，同比增长 7.0%，高于全国加总 3.7 个百分点；第二产业实现增加值 34475 亿元，同比增长 8.0%，高于全国加总 1.6 个百分点；第三产业实现增加值 34812 亿元，同比增长 9.3%，高于全国加总 0.2 个百分点。地方一般公共预算收入 9027 亿元，同比增长 3.9%。固定资产投资（不含农户，下同）总额 79883 亿元，同比增长 12.0%，高于全国 3.9 个百分点。社会消费品零售总额 28060 亿元，同比增长 10.7%，高于全国 0.3 个百分点。城镇常住居民人均可支配收入 29099 元，同比增长 8.2%，高于全国 0.4 个百分点；农村常住居民人均可支配收入 9559 元，同比增长 9.0%，高于全国 0.8 个百分点。

（二）产业结构继续优化

民族地区紧紧围绕“四个全面”战略布局，以推动供给侧结构性改革为主线，加快发展特色优势产业，积极落实各项强农、惠农、富农政策，产业结构提质增效成果显著。据不完全统计，民族地区全年钢铁和煤炭去产能超过 4597 万吨，减轻企业负担约 2630 亿元。各省区按照国家统一要求，不断深化供给侧结构性改革，实现年度任务顺利完成。一是“三去一降一补”取得重要进展。去产能方面，云南出台了推进供给侧结构性改革“1 + 5 + 3”系列文件，去生铁产能 125 万吨、粗钢产能 376 万吨、煤炭产能 1896 万吨。去库存方面，宁夏通过保障房货币化安置、支持农民进城购房等措施，减少商品住房库存 150 多万平方米，房地产去库存周期较上年底缩短 2.3 个月。去杠杆方面，青海引导、规范各类融资行为，积极化解各类债务风险，不断扩大直接融资规模，全年民间投资完成

① 民族地区实现生产总值占全国的比重以全国各地区合计数为 100 计算。

1212.1亿元，同比增长9.4%，增速高于全国6.2个百分点。降成本方面，贵州以降电价为“牛鼻子”，统筹推进降低用电、物流、税费、融资、制度性交易“五大成本”，全年累计降低企业综合成本700亿元以上。补短板方面，广西持续加大对铁路、棚户区改造、公共服务、精准扶贫等薄弱领域的建设投入，全年基础设施、水利、公共设施、教育、卫生等领域投资同比分别增长20.9%、17.0%、22.9%、22.5%、27.3%。二是农业供给侧结构性改革有序推进。西藏不断提高农牧民组织化程度，专业合作组织累计达到6076家，农畜产品加工企业实现总产值33.3亿元，同比增长47.4%，农牧业产业化经营率达到42.0%，同比增长2个百分点。宁夏新建高标准农田51.7万亩、高效节水灌溉35万亩，新建标准化规模养殖场112家、永久性蔬菜基地10万亩，特色优势农业产值占比达到86.5%。三是新兴产业实现较快发展。内蒙古大力发展云计算、现代装备制造、新能源、新材料等产业，启动国家大数据综合试验区建设，稀土新材料产值同比增长27.7%，光伏发电量同比增长46.6%，风力发电量同比增长13.8%，轿车产量同比增长12.6%。贵州加强国家大数据综合试验区建设，获批建设首个国家大数据工程实验室、贵州·中国南方数据中心示范基地、贵阳·贵安国家级互联网骨干直联点，大数据电子信息制造业规模以上工业增加值同比增长71.3%，软件和信息服务业收入同比增长35.0%，电子商务交易额同比增长30.0%。四是服务业支撑能力不断增强。新疆旅游业发展强劲，自驾游等20类旅游新业态取得新进展，全年共接待国内外游客8100万人次，同比增长32.9%，国内外游客消费1400亿元，同比增长37.0%；实现第三产业增加值4383亿元，同比增长9.7%，占地区生产总值比重提高到45.6%，对经济增长贡献率达到57.3%。

（三）脱贫攻坚扎实推进

民族地区坚持以脱贫攻坚统揽经济社会发展全局，强力推进大扶贫战略行动，全力以赴打赢全面脱贫攻坚战。2016 年，民族地区农村贫困人口为 1411 万人，比上年减少 401 万人；贫困发生率为 9.4%，同比下降 2.7 个百分点；减贫率为 22.1%，减贫速度与全国基本一致，较上年提升了 4.3 个百分点。各省区按照“五个一批”的路径，落实“六个精准”的要求，积极推动扶贫政策精准落地。内蒙古全社会投入扶贫资金 400 多亿元，实现 12 个自治区级贫困旗县摘帽，贫困人口比上年减少 23 万人。广西易地扶贫搬迁 412 个安置房项目全部开工，搬迁入住 12.2 万人，实现 1000 个贫困村出列和 8 个贫困县摘帽，贫困人口比上年减少 111 万人。贵州组织 15.7 万名干部遍访贫困村贫困户，推动 73.4 万贫困人口实现产业脱贫，免除 31.7 万建档立卡贫困家庭学生上高中、大学学杂费，完成 44 万农村青壮年劳动力规范化技能培训，对 158 万“两无”人员实行政策性兜底保障，贫困人口比上年减少 105 万人。云南实施 6 大脱贫攻坚工程包，设立总规模 1152 亿元的云南浦发扶贫投资发展基金，实施 44.5 万建档立卡贫困人口易地扶贫搬迁，贫困人口比上年减少 97 万人。西藏统筹整合资金 85.2 亿元，开工建设易地扶贫搬迁安置点 376 个，易地扶贫搬迁 7.7 万人，实施产业扶贫项目 528 个，订单定向培训 4.9 万人，实现转移就业 3.4 万人，贫困人口比上年减少 14 万人。青海全方位构建和落实“1+8+10”政策体系，建立驻村帮扶“123”工作机制，东西部扶贫协作与对口援青层次不断提升，易地搬迁扶贫项目开工率和工程进度均居全国前列，贫困人口比上年减少 10 万人。宁夏投入财政资金 52.9 亿元，实施“13 项脱贫行动计划”，新建移民住房 1.1 万套，搬迁移民 1.5 万人，贫困地区农民收入增幅高于全区 2 个百分点，贫困人口比上年减少 7 万人。新疆加强农村低保制度与扶贫开发政策的有效衔接，将丧失或部分丧失劳动能力的贫困人口全部纳入农村低保，将符合条件的贫困护边员家庭纳入农村低保范围，实现810个贫困村出列和5个贫困县摘帽，贫困人口比上年减少34万人。

（四）社会事业蓬勃发展

民族地区优先发展教育、文化、卫生等公共事业，基本公共服务均等化建设稳步前进。2016年，内蒙古提前一年完成第二期学前教育三年行动计划，34个旗县通过国家义务教育均衡发展验收，职业教育改革、高等教育“双一流”建设步伐加快，《内蒙古自治区民族教育条例》颁布施行。广西扎实推进教育振兴“双千计划”，新建各类学校222所，改扩建学校3419所，学前三年毛入园率76.0%，义务教育巩固率93.2%，高中阶段教育毛入学率87.5%，高等教育毛入学率33.0%。贵州完成329所乡镇卫生院标准化建设，199家县级以上公立医院实现远程医疗，32.5万人次享受城乡居民大病保险，12296所乡村中小学配备校医。云南进一步加强公共文化服务体系建设，建成云南省大剧院等标志性文化设施，文化惠民活动和七彩云南全民健身工程广泛开展。西藏推动文化事业繁荣发展，特色小城镇示范点建设完成投资11.4亿元，非物质文化遗产保护项目达到412个；《六弦情缘》等一批文艺精品获国家级奖项；文物保护投入7.7亿元，完成916处文物单位、12万件文物身份证建设。宁夏开展政府购买学前教育服务试点，学前三年毛入园率达到77.9%，高中阶段教育毛入学率达到91.4%；新改建养老服务机构173个，增加床位1.15万张。

（五）基础设施建设持续加强

民族地区坚持立足当前、着眼长远、聚焦薄弱环节，加快补齐基础设施短板。2016年，内蒙古呼张客专内蒙古段全线铺轨，通辽、赤峰至京沈客专连接线开工建设，京新高速公路内蒙古段主线贯通，经棚至锡林浩特高速公路建成，2200 多个行政嘎查村通了硬化路，乌兰察布机场正式通航，实现了盟市支线机场全覆盖。贵州启动高速公路攻坚决战，新增高速公路 305 公里，建成普通国省干线公路 800 公里、农村公路 2.4 万公里。云南多渠道筹措建设资金，基础设施建设完成投资 5564 亿元，沪昆客专、云桂铁路云南段建成运营，16 个重大项目纳入国家《中长期铁路网规划》。宁夏原州区至王洼铁路、干武铁路增建二线、青兰高速东山坡至毛家沟段、固原至西吉高速公路以及兵沟、滨河、永宁黄河大桥等建成通车，银川至西安高铁全线开工。新疆北屯至阿勒泰铁路、乌鲁木齐新客站、红柳河至淖毛湖铁路、克塔一期百口泉至铁厂沟东段铁路等 5 个铁路项目建成投产；乌鲁木齐至伊宁至霍尔果斯口岸高速铁路已列入国家《中长期铁路网规划》和《西部大开发“十三五”规划》。广西建成内河千吨级泊位 10 个，新增吞吐能力 657 万吨；建成北部湾港万吨级泊位 3 个，新增吞吐能力 1364 万吨；32.1 公里的南宁市轨道交通 1 号线全线开通试运营。西藏藏木、多布、果多水电站和旁多水利枢纽投入运营，拉洛水利枢纽提前截流，电力总装机容量达到 265 万千瓦，建成川藏电网联网工程，外送电力 8.2 亿千瓦时，首次实现净外送电力 2 亿千瓦时。青海水利工程建设实现重大突破，引大济湟调水总干渠开闸通水，西干渠和北干二期开工建设，蓄集峡水利枢纽、黄河干流防洪、拉西瓦灌溉等重点水利工程全面推进，果洛三县联网工程圆满完成，“电力孤岛”并网，实现了青海省大电网县域全覆盖。

（六）改革开放深入推进

民族地区按照中央全面深化改革的各项部署，紧抓国家“一带一路”倡议带来的重大历史机遇，不断开创全面深化改革新局面，不断提升对内对外开放水平。2016 年，内蒙古积极参与中蒙俄经济走廊建设，满洲里综合保税区封关运营，二连浩特—扎门乌德跨境经济合作区建设取得突破，西藏口岸货运量7800万吨，同比增长18.0%。广西争取到国外优惠贷款16.2亿美元，获准发行企业外债13亿美元，核准境外投资项目54个，对外实际投资额同比增长150.0%；国内合作和招商引资成果丰硕，20项重大精准招商活动深入开展，引进到位资金6300亿元以上。贵州加快“1+7”重点开放创新平台建设，实现与泛珠三角各省区通关一体化，贵安综合保税区封关运行，成功举办一系列重大招商推介活动，引进到位资金8086亿元，实际利用外资同比增长27.0%。云南在全国率先出台电力体制改革试点方案，组建昆明电力交易中心，市场化交易电量超过550亿千瓦时，累计减少企业电费支出90.3亿元。西藏成功举办第三届藏博会，签约项目146个，签约资金1084.3亿元，比上届增长43.3%。青海“放管服”改革纵深推进，加快政府职能转变，削减和下放行政审批409项，省市（州）县行政服务中心全部建成运行，政府部门权责清单全面公布。宁夏制定并公布市县“两个清单”，取消调整行政职权事项56项，精简行政审批16项，清理行政事业性收费、政府性基金27项。新疆加快丝绸之路经济带核心区建设，印发实施《新疆建设丝绸之路经济带的指导意见》，全面启动乌鲁木齐国际陆港区建设，扩大开行新疆西行国际货运班列，全年累计开行西行班列220列，是上年的2.8倍。

（七）生态文明建设成效显著

民族地区坚持生态保护与制度建设同抓、工程治理与自然修复并重原则，推进生态文明建设。2016年，内蒙古全面实施大气、水、土壤污染防治行动计划，城市空气质量优良天数比例达到86.0%。广西全面完成“美丽广西·生态乡村”建设任务，累计完成1万个自治区级示范村屯和12.5万个一般村屯绿化，植树造林连续9年稳定在350万亩以上，森林覆盖率达到62.3%，人工林面积达到1亿多亩，人工林面积、植被生态质量和植被生态改善程度均居全国第一。贵州加强重点生态工程建设，完成退耕还林130万亩，森林覆盖率提高到52.0%。云南加大生态文明建设力度，实施退耕还林还草160万亩，治理水土流失面积4720平方公里，完成中低产田地改造336万亩。西藏广泛开展生态文明示范创建活动，自治区级生态县达到7个、生态乡镇128个、生态村1296个。青海重点生态环境整治成效明显，木里矿区生态环境整治完成阶段性任务，主要城市空气质量优良天数比例达到75.5%，湟水河出省断面Ⅳ类水质比例达到83.3%。宁夏开展“蓝天碧水·绿色城乡”专项行动，深入实施退耕还林还草、三北防护林、天然林保护等重大生态林业工程，完成营造林121万亩，治理荒漠化面积54.6万亩、水土流失面积871平方公里。新疆乌什县、巩留县、新源县等17个县（市）新增纳入了国家重点生态功能区范围，自治区国家级重点生态功能区县（市）新增至45个，占全区县（市）数量的48.9%。

2016年，民族地区经受住多重困难和压力挑战，实现“十三五”开局之年旗开得胜。这是党中央、国务院坚强领导、亲切关怀的结果，是民族地区各族人民团结拼搏、积极作为的结果，是有关部门支持、相关省市对口支援的结果。

二、民族地区经济运行中存在的问题

2016年民族地区总体保持了经济社会发展稳中有进、稳中向好的良好态势，但由于自身发展基础较弱，加之国内外发展环境错综复杂，不稳定、不确定因素依然较多，长期积累的一些结构性矛盾还比较突出，民族地区经济社会发展面临着诸多困难和挑战。

（一）增长动力转续衔接不够，稳增长压力较大

民族地区传统增长动力如能源重化工业受产能过剩、需求减弱的影响，已经过了高速增长期，开始逐步回落。新兴动力成长虽然较快，但对经济增长贡献较小，尚未成为主导力量。由于民族地区结构调整仍处于爬坡过坎阶段，新旧动能转换尚未完成，稳增长压力仍然较大。除云南、宁夏外，其他 6 个省区经济增速均有所回落。民族地区地方一般公共预算收入增速比上年下降 3.5 个百分点，财政收支矛盾较大，财政政策空间缩小。

（二）脱贫攻坚任务更加艰巨，脱贫难度大

由于历史、自然和地理等原因，民族地区致贫因素多元叠加、成因复杂、表现特殊，脱贫攻坚任务比全国其他地区更加艰巨。一是贫困人口占全国比重上升。在全国贫困人口大幅减少的情况下，民族地区贫困人口占全国贫困人口的比重呈缓慢上升趋势，即从 2013 年的 31.1% 升至 2016 年的 32.5%。二是贫困面较大。全国 14 个集中连片特困地区有 11 个在民族地区，贵州、云南、广西贫困人口均超过 300 万人。全国建档立卡贫困村中，民族地区有 3.2 万个，占 29.0%。三是贫困发生率较高。2016 年，民族地区贫困发生率高于全国 4.9 个百分点，西藏、新疆、贵州、云南均超过 10.0%，分别比全国高 8.7、8.3、7.1 和 5.6 个百分点。

（三）民间投资增速放缓，经济发展内生动力不足

受市场需求不足、投资意愿不强等因素影响，民族地区民间投资增速趋于放缓。2016 年，民间投资同比增长 2.5%，低于全国 0.7 个百分点，比 2015 年、2014 年分别回落 1.4、17.8 个百分点，处于近年来的最低水平。其中新疆、内蒙古、云南民间投资出现负增长，分别比上年回落 21.7、6.5 和 4.1 个百分点。民族地区民间

投资占全部固定资产投资比重达到45.0%，其增速放缓直接影响了固定资产投资增速，进一步减弱了经济发展的内生动力。

（四）对外贸易持续下滑，经济内向型特征仍较明显

民族地区对外贸易面临人民币汇率波动、国际大宗商品价格低迷等诸多困难，对外贸易持续下滑。2016年，民族地区进出口总额同比下降8.8%，降幅高于全国7.9个百分点。民族地区对外贸易额占全国比重仅为3.0%，对外贸易依存度为9.0%，低于全国平均水平24个百分点。民族地区自由贸易试验区、产业承接园区和加工基地较少，口岸通关一体化、便利化进程缓慢，经济内向型特征仍然较为明显，尚未能充分利用国际、国内两种资源和两个市场，对外开放水平与“一带一路”建设需求仍有较大差距。

（五）体制、机制尚未理顺，供给侧结构性改革仍需深化

一是去产能、去库存、去杠杆以行政手段为主，运用市场化、法治化手段不多，依靠市场出清的长效机制还未形成。二是制度成本居高不下，融资难、融资贵问题依然存在。实体经济经营成本偏高，企业成本仍呈上涨趋势。三是补短板任务比全国更繁重。消除贫困任务艰巨，基础设施薄弱，公共服务与群众的期望还有差距。四是推进农业供给侧结构性改革比全国更为迫切。农村三产融合还不深，农业产业化龙头企业还不多，新型农业经营主体还比较少，绿色优质农产品规模不大、品牌不强，农民持续增收困难。

（六）生态环境约束趋紧，绿色发展更为紧迫

随着经济的发展，我国出现了资源约束趋紧、环境污染较严重、生态系统退化等问题，而人民群众对清新空气、干净饮水、安全食品、优美环境的要求越来越强烈。民族地区是我国的资源富集区、水系源头区、生态屏障区，在工业化中期的初级阶段就进入经

济发展新常态，将持续面临开发与保护、吃饭与建设的双重压力，经济发展与生态保护矛盾十分突出。民族地区节能减排压力仍然较大，生态环境较脆弱，但产业结构重型化特征明显，农牧业发展方式粗放，资源环境的负担日益加重，民族地区进行转型升级与绿色发展的要求十分紧迫。

三、2017 年加快民族地区经济发展的思路

2017 年是实施“十三五”规划的重要一年，是供给侧结构性改革的深化之年，也是决胜全面建成小康社会的关键一年。民族地区既要看到国际经济环境依然复杂、严峻，改革、发展、稳定任务依然艰巨、繁重，更要看到当前我国经济运行总体平稳，民族地区经济社会发展仍处于大有可为的重要战略机遇期，要保持经济平稳、健康、较快发展的态势，以优异成绩迎接党的十九大胜利召开。

（一）统筹兼顾“三大关系”，推动民族地区加快发展

促进民族地区加快发展，是与全国同步全面建成小康社会的必然要求。在经济发展新常态下，民族地区既面临经济发展与社会稳定的双重任务，又具有外部支持的有利条件和内生发展的客观要求，同时还受到国家政策整体推进所带来的区域差异效应影响，需要正确处理上述关系，加快发展步伐，提升发展水平。

一是统筹经济发展与社会稳定的关系。民族地区人均收入水平与东部发达地区相比仍有较大差距，经济追赶仍有较大空间，经济增长潜力巨大。要坚定不移地把发展放在第一要务，凝心聚力推进经济保持平稳、较快增长。另一方面，要以发展谋稳定，以稳定促发展。以保障和改善民生、增进各族群众福祉作为民族地区经济发展的出发点和落脚点，切实保障各族群众权益，为民族地区经济发

展提供稳定环境。

二是统筹外部支持与内生发展的关系。民族地区在依靠国家支持、发达地区支援的同时，要借助支援方在资金、项目、技术、人才、市场等方面的优势，发挥自身比较优势、竞争优势和后发优势，进一步拓展受援双方产业和市场合作空间，不断增强经济发展内生动力。

三是统筹整体推进与分类指导的关系。我国经济已经进入新常态，民族地区既面临新常态的趋势性变化，又有后发地区的差异性特征。在国家层面实施宏观经济政策和改革政策时，民族地区既要确保政策的整体推进，又要充分认识和考虑总体政策的异质效应，区别不同情况，因地制宜，分类施策。坚持统筹兼顾、突出重点，推动少数民族和民族地区经济发展不断迈上新台阶。

（二）深入推进供给侧结构性改革，增强实体经济发展活力

推进供给侧结构性改革，是调整经济结构、转变经济发展方式的治本之举，也是解决民族地区经济发展深层次问题的有效途径。民族地区要牢牢把握结构性改革的本质特征，根据结构性问题的表现和成因明确重点任务，坚定不移推进供给侧结构性改革。

一是增加有效供给，提高全要素生产率。习近平总书记强调"着力培育民族地区特色优势产业，有序开发民族地区特色优势资源"。民族地区要依托自然资源，发挥比较优势，大力发展特色优势产业，培育新的经济增长点。进一步加快产业结构调整步伐，提升技术创新能力，推动传统产业转型升级和"二次创业"。结合要素禀赋和产业基础，积极发展战略性新兴产业。注重一、二、三产业融合发展，大力培育新模式、新形态、新业态。运用互联网和大数据，大力发展现代农牧业、民族手工业、文化旅游业，努力提升品牌培育和质量管理水平。

二是重点推进降成本、补短板，增强实体经济发展动力。在继续化解过剩产能、有序去库存和去杠杆的基础上，民族地区要进一步加大减税、降费、降低要素成本和制度性交易成本力度，确保企业税费负担只减不增。从制约经济社会发展的重点领域和关键环节着手，着力补齐基础设施、产业发展、脱贫攻坚、生态环保、科技创新、教育卫生等领域短板。

三是深化体制机制改革，激发市场发展活力。民族地区要深化行政审批制度和商事制度改革，进一步提高简政放权的含金量，让市场真正在资源配置中起决定性作用。以混合所有制改革为突破口，着力推进国企国资改革。积极推动资源类央企属地注册，鼓励央企和地方国企整合重组。进一步放宽非公有制经济市场准入，消除各种隐性壁垒，营造公平公正的竞争环境。稳步推进投融资、财税、金融、社会保障、价格、生态、产权保护制度、事业单位分类等各领域改革。

四是推进农业供给侧结构性改革。民族地区要以增加农民收入、保障有效供给为主要目标，以提高农业供给质量为主攻方向，优化农业产业体系、生产体系、经营体系。要突出农产品质量安全，促进农业绿色发展，狠抓农产品生产标准、品牌创建。要实施优势特色农业提质增效行动计划、乡村休闲旅游产业发展促进计划、现代农业行动计划，深入实施电子商务进农村综合示范。要加大农村改革力度，统筹推进农业补贴、财政支农投入、农村金融、农村集体产权等制度改革，激活民族地区农业农村内生发展动力。

（三）确保扶贫政策精准落地，提升人民群众的获得感

习近平总书记要求，在脱贫攻坚进程中扶持谁、谁来扶、怎么扶、如何退，全过程都要精准，需要下一番“绣花”功夫。精准扶贫是推动扶贫工作提质增效的关键之举，实施精准扶贫是民族地区实现小康社会的必由之路。民族地区要全面落实“六个精准”要求

和“五个一批”脱贫路径，凝聚全社会力量，推动扶贫政策精准落地。

一是要坚持“实”字当头，死守扶真贫、真扶贫的政策底线。要严防弄虚作假以及贪污挪用扶贫资金等问题，明确脱贫摘帽退出机制和激励约束机制，综合运用国家相关部门的考核、省际间的交叉考核和第三方评估等多种考核方式，确保脱贫成效真实可信，杜绝“被脱贫”和数字脱贫。

二是要凝聚全社会力量，推进重点领域集中攻坚。要紧密联系贫困地区、贫困人口的实际，做实、做细顺民意、得民心的扶贫工程。当务之急是补齐基础设施短板，实施贫困村提升工程，统筹推进非贫困村的贫困户脱贫工作。要完善金融、教育、医疗、土地、生态等扶贫政策体系，实现扶贫政策与低保制度的衔接，狠抓后续扶持，推动稳定脱贫。

三是要落实两个民族工作专项规划，助推脱贫攻坚目标如期实现。《“十三五”促进民族地区和人口较少民族发展规划》《兴边富民行动“十三五”规划》是民族地区全面建成小康社会的行动纲领。落实两个规划，要重点抓好扶持人口较少民族发展、实施兴边富民行动、少数民族特色村镇保护发展、少数民族传统手工艺品保护发展四件大事。要把规划确定的目标任务、政策措施纳入到各地各部门规划计划中，纳入到具体工作中，推动民族地区攻坚克难、加快发展，确保民族地区扶贫攻坚目标如期实现。

（四）积极融入“一带一路”倡议，拓展外引内联新空间

顺应中国经济深度融入世界经济的趋势，积极融入“一带一路”倡议，进一步扩大开放、外引内联，为民族地区经济发展增添新活力、拓展新空间，是民族地区走向繁荣富强的既定选择。

一是优化对外贸易环境，扩大对外贸易规模。要加大地方税收

优惠政策支持和服务合作平台建设力度，完善跨境合作机制，积极推进人民币跨境结算业务。要切实推进民族地区内陆开放型经济试验区建设，加强基础设施互联互通，打造便捷陆路通道。加快开发开放试验区、跨境经济合作区、综合保税区及口岸基础设施现代化建设，加强与沿海沿边地区通关一体化合作，进一步提升对外贸易便利化。完善跨境电商配套设施，大力发展跨境电子商务，构建繁荣健康的电子商务生态系统。

二是外引内联同步推进，既要提高招商引资质量，又要推动国际产能合作。要加强民族地区重点产业研究，量身定做招商引资项目，开展精准对口招商。同时，全面深化民族地区与“一带一路”沿线国家和地区在科技、教育、文化、卫生、体育、旅游、环保等领域的开放交流合作，努力形成深度融合的互利合作格局。

三是促进地区融合发展，拓展民族地区与国内其他地区之间的开放交流合作。要构建央地联动、项目共建机制，深化区内企业与央企和大型投融资机构的战略合作。健全与周边省区的协作机制，构筑优势互补、良性互动的区域发展新格局。同时，完善与京津冀、沿海发达地区以及港澳地区的框架协议，抓好跨地区基础设施和产业园区共建，有序承接产业转移。

（五）大力践行绿色发展理念，筑牢生态环境安全屏障

习近平总书记对生态保护高度重视，指出“绿色发展是民族地区发展的‘利器’”。良好的生态环境是人民群众美好生活的一部分。民族地区要牢固树立“绿水青山就是金山银山”的理念，坚决守住生态底线，坚定不移走绿色发展之路，筑牢生态安全屏障，形成人与自然和谐发展的现代化建设新格局。

一是实行最严格的生态保护制度。率先在民族地区实行资源有偿使用和生态保护补偿制度，合理调整资源开发收益分配政策。加大生态红线保护力度，建立健全民族地区生态保护补偿制度，加快

制定出台生态保护补偿条例。开展环境保护大排查，强化环境监管执法，严肃查处破坏生态环境违法行为，以实际行动保护好天蓝、地绿、水净、空气清新的良好环境。

二是大力发展循环经济。大力发展绿色经济，加快构建绿色产业体系和绿色产品标准、认证、标识体系，推出大生态产业工程包，创建一批绿色园区和绿色企业，促进绿色经济加快发展。加快建立民族地区循环型工业、农业、服务业体系，完善民族地区再生资源利用体系。支持民族地区开展碳汇参与温室气体自愿减排交易试点，推动水权交易制度建设。加快发展民族地区风能、太阳能、生物质能、水能和地热能。

三是加快生态工程建设。建立实施重点生态功能区和生态保护红线产业准入负面清单。加快山水林田湖生态系统保护力度。开展民族地区生物多样性保护与减贫试点，对重要生态系统、濒危野生动植物和珍稀物种资源实施强制性保护。推进国家低碳城市试点，实施全民节能行动计划。积极培育生态文化，倡导绿色低碳的生活方式。

（六）全面落实差别化政策，促进全面小康如期实现

全面实施差别化的支持政策，是加快民族地区发展的关键环节。在《中华人民共和国国民经济和社会发展“十三五”规划纲要》中，把“推动民族地区健康发展”“推进边疆地区开发开放”单列成节、系统部署，把“民族地区奔小康行动”纳入“特殊类型地区发展重大工程”统筹规划、大力推进。《“十三五”促进民族地区和人口较少民族发展规划》有针对性地从财政、投资、金融、产业等九个方面明确提出了差别化支持政策。《兴边富民行动“十三五”规划》强调要按照差别化原则，优先支持边境地区改革创新加快发展。要以规划为总抓手，瞄准2020年倒排工期，制定配套规划或实施意见，谋划落实差别化政策，促进民族地区加快发

展，缩小少数民族和民族地区与全国经济社会发展差距，确保“全面实现小康，一个民族都不能少，一个都不能掉队”的目标如期实现。

一是强化财政支持政策。提高民族地区增值税分成比例，确保对民族地区转移支付的比重继续增加，取消公益性建设项目配套资金。二是落实产业承接和合作政策。加大招商引资力度，建立承接产业转移示范园区和区域性产业合作示范区，引入符合民族地区特点和生态环境要求的产业。三是主动对接金融政策。加强与一行三会、开发性和商业性金融机构的合作，支持符合条件的企业上市或挂牌。四是率先实行资源有偿使用制度和生态保护补偿制度。加快编制自然资源资产负债表，推动自然资源及其产品价格改革。五是加大人才政策倾斜力度。大力实施人才引进工程和人力资源培训开发计划。创新人才引进模式，探索安家落户和定期工作并举的人才引进办法。整合各类资源，创新服务平台，制定实施职业技能培训、少数民族特色技能培训、农村实用技术培训三大计划。

第二篇　行业报告

2016年民族地区农（牧）业经济运行及趋势分析

农业、农村、农民是全面建成小康社会、实现现代化的基础。2016年是“十三五”的开局之年，也是我国推进农业供给侧改革的起始之年。我国民族地区各部门全面贯彻党的十八大和十八届三中、四中、五中、六中全会精神，认真落实《中共中央国务院关于落实发展新理念加快农业现代化，实现全面小康目标的若干意见》的决策部署，在保证基本粮食安全的基础上，围绕提高土地产出率、资源利用率、劳动生产率，积极推进农业供给侧改革，为我国的农业可持续发展做出了积极的贡献。

一、2016年民族地区农牧业发展的基本情况

（一）产值显著增加

2016年，民族地区第一产业增加值合计10684.0亿元，同比增加7.0%，增速较上年提升0.8个百分点。民族地区的第一产业增加值占到全国总量的16.8%，增速高于全国水平3.7个百分点。从产值总量来看，广西的第一产业增加值达到2798.6亿元，位列民族地区首位；西藏的第一产业增加值为105.0亿元，位列民族地区末位。从产值同比增速来看，贵州的第一产业增加值同比增加

12.5%，为民族地区中产值增长最快的省区；内蒙古和宁夏的第一产业增加值同比分别增加0.7%和0.9%，是民族地区中增长速度较慢的省区。

表1 2015—2016年民族地区第一产业增加值及增幅统计表

地区	2015年第一产业增加值（亿元）	2016年第一产业增加值（亿元）	同比增长（%）
内蒙古	1617.4	1628.7	0.7
广西	2565.5	2798.6	9.1
贵州	1640.6	1846.5	12.5
云南	2055.8	2195.0	6.8
西藏	98.0	105.0	7.1
青海	208.9	221.2	5.9
宁夏	237.8	240.0	0.9
新疆	1559.1	1649.0	5.8
民族地区	9983.1	10684.0	7.0

资料来源：2015年数据来源于国家统计局，2016年数据来源于各省区统计公报。

粮食作物①产量稳定增长。民族地区2016年的粮食作物产量为9657.7万吨，同比增长1.6%，继续保持稳定增长的势头。民族地区中贵州、云南、青海、西藏四省区同比分别增长1.1%、1.4%、0.7%、1.7%，内蒙古、新疆、广西、宁夏四省区同比分别下降1.7%、0.6%、0.5%、0.2%。内蒙古、广西、新疆三省区2016年粮食产量分别达到2780.3万吨、1521.3万吨、1512.3万吨，位居民族地区前三位，青海、西藏粮食产量分别为103.5万吨、

① 粮食作物包括谷类作物、薯类作物和豆类作物。

102.3 万吨，位列最后两位。

经济作物①内部结构有所调整。2016 年，民族地区的部分经济作物产量有所下降，其中油料作物 489.5 万吨，同比下降 9.5%；糖料作物 10021.5 万吨，同比下降 16.7%；棉花产量 420 万吨，同比下降 2.3%。民族地区的特色瓜果蔬菜产量增幅较快，总产量达到 15909.3 万吨。其中，广西的瓜果蔬菜产量总计 4454.0 万吨，位列民族地区首位，同比增长 8.2%；内蒙古产量总计 1818.6 万吨，同比增长 5.5%；新疆产量总计 3757.3 万吨，同比增长 2.5%；其他各省区的特色瓜果蔬菜产量在上年的基础上均有所增加。云南的花卉、核桃、咖啡等特色经济作物同比分别增加 15.8%、13.4%、13.9%。宁夏优势特色农业产值 419 亿元，占农林牧渔业总产值的比重达到 85.5%。

表 2　民族地区主要农牧业产品产量与增幅统计表

农牧业产品	2015 年产量（万吨）	2016 年产量（万吨）	增幅（%）
粮食作物	9505.4	9657.7	1.6
经济作物	27859.1	26840.3	-3.7
油料	540.7	489.5	-9.5
糖料	12032.0	10021.5	-16.7
棉花	429.9	420.0	-2.3
瓜果蔬菜	14856.5	15909.3	7.1
肉类	1464.0	1478.6	1.0
奶类	1271.6	1171.8	-7.9

资料来源：根据各省区 2016 年统计公报数据整理。

① 经济作物又称技术作物、工业原料作物，指具有某种特定经济用途的农作物。广义的经济作物还包括蔬菜、瓜果、花卉等园艺作物。

从农业种植面积上分析，是各省区主动调整了经济作物种植结构引起了上述变化。以广西为例，2016 年全年粮食播种面积比上年减少 35.7 千公顷，甘蔗种植面积减少 22.7 千公顷，蔬菜种植面积增加 48.7 千公顷，果园面积增加 67.1 千公顷，桑园面积增加 3.9 千公顷。

畜禽产品产量稳中有升。民族地区肉类产品 1478.6 万吨，同比增加 1%。其中广西以 402.8 万吨的猪牛羊肉总产量位居民族地区之首，同比下降 1.5%；新疆的猪牛羊肉总产量同比增长 4.4%，增速位居民族地区之首。民族地区的牛羊奶等奶类产品 1171.8 万吨，同比下降 7.8%。其中内蒙古 2016 年奶类产量 734.1 万吨，虽同比下降 8.6%，还是我国奶类产量最大的省区。

（二）农产品品质不断提升

实施农业标准化战略，突出优质、安全、绿色导向，提升农产品质量是我国现阶段农业现代化进程中的重要目标。我国民族地区依托自身的资源优势、环境优势，在农产品安全方面取得巨大进步，积极推动当地农业获得“三品一标”认证（无公害农产品、绿色食品、有机农产品和农产品地理标志）。2016 年，内蒙古主要粮油作物绿色增产增效技术推广面积 3659 万亩，同比增加了 21.9%，化肥用量增幅较常年减少 7.5 个百分点，化肥利用率达到 31%，农业生产发展正由资源消耗型向重质绿色型转变。内蒙古“三品一标”农产品 2038 个，共有 57 件农产品获得农业部农产品地理标志登记保护证书，有机企业共计 41 家，产品 323 个，认证产品产量达到 44.6 万吨。2016 年，广西被认定的“三品一标”农产品面积 1325 万亩，产品个数 932 个，企业 416 家，总产量 1291 万吨，总体水平排全国第十位左右。2016 年，贵州已获得农业部农产品地理标志登记数累计 35 个。2016 年，云南“三品一标”认证农业企业119家、产品336个[①]，“三品一标”有效认证登记单位达810家，产品1792个。青海省有效使用“三品一标”的477个标志产品中，无公害农产品207个、绿色食品128个、有机农产品94个、农产品地理标志48个，绿色食品生产资料13份。截至2016年底，新疆有效期内的“三品一标”产品总数1074个。其中，无公害农产品511个，产地面积550万亩；绿色食品445个，生产基地1163万亩；有机农产品49个，示范基地面积3万亩；农产品地理标志登记产品69个。

（三）特色优势农业发展迅速

民族地区借助自身的自然资源和生物资源优势，大力发展特色优势农业，积极推进区域农业发展。广西加快推进现代特色农业提升行动，建设959个现代特色农业示范区，新建100万亩“双高”糖料蔗基地，稳定粮食总产量在300亿斤以上。贵州每年预算安排专项资金1亿元重点建设特色现代农业产业园，实施“贵州绿色农产品‘泉涌’工程”。云南确定了“云咖”“云茶”“云薯”及“云蔬”“云畜”等特色农业产业重点，并在马铃薯全产业链的贯通、大学校园“众创咖啡”连锁经营的模式创新、高原特色农产品营销平台的构建，以及推进“云品入沪”“云品入京”“云品出滇”“产业扶贫”等方面做了大量工作，高原特色农业优势进一步凸显。宁夏新建高标准农田51.7万亩、高效节水灌溉35万亩，新建标准化规模养殖场112家、永久性蔬菜基地10万亩，特色优势农业产值占比达86.5%。新疆多措并举，大力推进特色林果业提质增效、转型升级，林果业总产值从2005年的不到50亿元发展到2016年的380多亿元，农民来自林果业的收入人均超过1200元。

---

① 张帆、杨文明、李茂颖：《云南，好资源化为强产业》，载《人民日报》，2017年6月23日。

（四）农业生态环境得到持续改善

2016年，民族地区坚持生态保护与制度建设同抓、工程治理与自然修复并重，驰而不息推进生态环境建设。贵州加强重点生态工程建设，完成退耕还林130万亩，森林覆盖率提高到52%。云南深入实施水、大气、土壤污染防治行动计划，实施退耕还林还草160万亩，治理水土流失面积4720平方公里，完成中低产田地改造336万亩。西藏广泛开展生态文明示范创建活动，自治区级生态县达7个、生态乡镇128个、生态村1296个。宁夏启动“蓝天碧水·绿色城乡”专项行动，综合整治黄河支流、入黄排水沟、城市黑臭水体，黄河宁夏段Ⅲ类良好水质以上断面达100%。新疆在灌区盐渍化土壤改良、沙漠生态产业、荒漠化土地生态修复与退化生态系统恢复、伊犁河流域水土资源可持续开发利用等技术的开发、集成和示范，在水土资源开发利用与保护、水土流失治理与流域生态安全管理技术等方面为新疆水土资源开发与保护提供了有力技术支持和模式示范。2014—2016年，新疆总计有超过180万亩土地完成了基于地理信息系统的养分分区精准施肥管理技术的推广应用。新疆生产建设兵团坚持实施的“精准选种、精准播种、精准施肥、精准灌溉、精准田间生态监测、精准收获”六大技术为主的精准农业1200万亩，在国内处于领先水平，部分达到了国际先进水平。

（五）农村产业融合发展步伐加快

农村产业融合发展是指以农业为基本依托，以新型经营主体为引领，以利益联结为纽带，通过产业联动、要素集聚、技术渗透、体制创新等方式，将资本、技术以及资源要素进行跨界集约化配置，使农业生产、农产品加工和销售、餐饮、休闲以及其他服务业有机地整合在一起，使得农村第一、二、三产业之间紧密相连、协同发展，最终实现农业产业链延伸、产业范围扩展和农民增收。民族地区近年来积极探索农村一、二、三产业融合发展的具体形式，成绩斐然。广西通过实施“电商广西、电商东盟”工程，电子商务实现交易额4420亿元，同比增长110%。同时，创建国家级休闲农业与乡村旅游示范县8个、示范点22个，全国特色景观旅游名镇（村）19个、全国休闲农业星级企业48家。广西在建农业科技园区达30个，其中获批准国家级农业科技园区5个。贵州休闲农业与乡村旅游井喷式增长，创建省级以上示范点（县）110家、中国重要农业文化遗产2家、中国美丽田园15家、中国最美休闲乡村13家、中国休闲农业与乡村旅游十大精品线路1条，2016年乡村旅游接待人数2.42亿人次，年均增长52.2%，实现旅游收入1070亿元，年均增长51.7%。云南农产品加工业总产值达2431亿元，加工产值占总产值的比重达到67%。2016年，宁夏农牧系统以休闲农业推进年活动为抓手，开展了以节会营销、品牌推介、示范创建等一系列工作，有力推动了休闲农业快速发展，在营业的休闲农庄（园）达到684家，同比增长20%；接待游客人数达到705万人次，同比增长85%；营业收入达到13亿元，同比增长97%，有力地促进了农业增效、农民增收和农村繁荣。①

（六）农牧民持续增收

2016年，我国民族地区的农牧民人均纯收入达到9608.9元，低于全国平均水平2754.1元，同比增长8.9%，高于全国农村人均纯收入同期增幅（8.2%）0.7个百分点，但是低于民族地区2015年的增幅（9.3%）0.4个百分点。民族地区农牧民人均纯收入虽然保持了较快增长，但是自2013年开始增速呈现不断下滑态势。2013—2016年农牧民人均纯收入年度增幅分别为22%、11.6%、

---

① 宗时风：《融合创意文化让宁夏农业升值》，载《宁夏日报》，2016年9月30日。

9.3%和8.9%。

民族地区中，农牧民人均年纯收入最高的是内蒙古，达到11609元，低于全国平均水平（12363元）754元；农牧民人均年纯收入最低的是青海，为8664元，低于全国平均水平3699元。民族地区中农牧民增收最快的是西藏，达到10.3%，增收最慢的是内蒙古，增幅为7.7%，低于民族地区以及全国平均水平。整体来看，除内蒙古、宁夏、新疆三省区以外，其他省区的农牧民人均年纯收入在2016年的增长幅度都快于全国水平，但是收入水平却依然低于全国水平。

表3　2015—2016年民族地区农民年均纯收入及其增幅统计表

地区	2015年（元）	2016年（元）	增幅（%）
内蒙古	10776.0	11609.0	7.7
广西	9467.0	10359.0	9.4
贵州	7386.9	8090.3	9.5
云南	8242.0	9020.0	9.4
西藏	8244.0	9094.0	10.3
青海	7933.4	8664.0	9.2
宁夏	9119.0	9851.6	8.0
新疆	9425.1	10183.2	8.0
民族地区	8824.2	9608.9	8.9

资料来源：根据各省区2016年统计公报数据整理。

二、民族地区农牧业发展的优劣势分析

（一）民族地区农牧业发展的优势

1. 特色农产品生产优势明显

我国民族地区气候和生物资源优势较为突出，根据《特色农产品区域布局规划（2013—2020年）》，我国现阶段重点发展10类共计144个特色农产品，其中民族地区具有50%以上的种类，多种农产品产量在全国名列前茅。

新疆是全国最大的棉花产地，2016年新疆的棉花产量达到420万吨，约占全国棉花产量的60%左右。民族地区为全国提供了约占总量15%的猪肉产量、28%的牛肉产量、46%的羊肉产量。其中，广西、云南在猪肉生产方面有一定优势，占民族地区猪肉总产量的60%以上；内蒙古、云南、新疆在牛肉生产方面有一定优势，占民族地区牛肉总产量的65%左右；内蒙古、新疆在羊肉生产方面优势突出，占民族地区羊肉总产量的75%左右，占全国羊肉总产量的34%左右。民族地区的糖料作物产量优势十分明显，是我国重要的糖料生产基地，2016年总产量达到10021.5万吨，约占全国总产量的85%。广西桑蚕产量占全国45%以上，连续11年全国第一①；云南的橡胶、咖啡、花卉种植面积及产量均居全国第一，甘蔗、茶叶面积及产量均居全国第二，蚕桑面积居全国第三、产量居第五，马铃薯面积及产量均居全国第五，水果、蔬菜出口额超过烟草成为云南省第一和第二大宗出口农产品。② 贵州的茶叶、辣椒、火龙果、

---

① 贺亮军：《广西农业：转变发展方式提质增效增收——盘点“十二五”全区农业发展十大亮点》，载《广西日报》，2015年12月30日。

② 李国林：《云南农业总产值“十三五”期间将超10000亿》，载《新华云南》，2016年6月29日。

薏苡等生产规模居全国第一位，马铃薯、猕猴桃、核桃、蓝莓、刺梨等特色果业具有一定优势地位。

2. “一带一路”倡议带来市场优势

农业领域一直是“一带一路”的建设重点。“一带一路”倡议为中国农业转型升级、引领世界农业发展提供了重大机遇。“一带一路”倡议的实施，使我国农业一步跨入“全球时代”。在我国“一带一路”规划选定的18个重点发展省区中，内蒙古、广西、云南、西藏、青海、宁夏、新疆7个省区涉及其中。随着“一带一路”倡议的不断深入推进，我国民族地区对外开放的广度和深度将得到不断深化，市场范围将不断扩展。民族地区可以充分利用国际、国内两种资源、两个市场，促进区域农业优势农业“走出去”，并将国外优势农业资源、技术“引进来”，积极开展农林牧渔业、农机及农产品生产加工等领域的深度合作，积极推进海水养殖、远洋渔业、水产品加工等领域合作，不断提高我国农业现代化水平。

（二）民族地区农牧业发展的劣势

1. 农业生态环境较差

我国民族地区主要分布在我国西北、西南地区。西北地区严重缺水，且水土流失较为严重。西北五省水资源总量2474.2亿立方米，占全国水资源总量的10.64%，全国人均水资源量1730.4立方米，而宁夏人均资源量为137.7立方米，仅为全国的8%左右。新疆人均水资源4229立方米，为全国人均占有量的2.4倍，但是单位面积径流深仅50毫米，为全国倒数第三位。相关数据显示，青海柴达木盆地年均降水量还不到25毫米，但年蒸发量高达1000毫米之多。西北地区是我国水土流失和土地荒漠化的重灾区。青海和新疆的森林覆盖率下降到仅剩2.6%和1.7%。宁夏草地退化率为97.3%。位于西北地区的青海、宁夏、甘肃三省水土流失面积分别占各自全省总面积的46%、71%和85.7%。新疆沙化面积占全区总面积的 47.7%。青海沙化面积占全省总面积的 17.4% 以上。

西南地区喀斯特地貌分布广泛，同样不利于水土保持。西南地区自然条件的特点是“三多一少”，即降水多、山坡地多、石灰岩地多、人均耕地少。同时，滥垦乱伐、粗放经营耕作方式使农业生态环境支持系统十分脆弱，水资源充沛但保水、保土能力较差；多高山峡谷，少平坝；人均耕地少且旱地坡耕地多。长期以来，由于不合理的耕作方式、草地过牧和大量采伐森林，水土流失日益严重。云南、贵州等石质山区降雨量大，滑坡、泥石流灾害频繁。进入 21 世纪，西南地区农业干旱灾害损失远超全国平均水平，给西南地区粮食生产、生态环境和社会经济发展造成巨大的损失。

2. 农业科技进步贡献率较低

我国农林业发展已经进入到更加依靠科技进步的新阶段。2016 年，我国农业科技进步贡献率 56%，林业科技进步贡献率 48%，主要农作物良种基本实现全覆盖，主要造林树种良种使用率 61%，主要农作物耕种收综合机械化率 63.8%。截至 2016 年，民族地区的农业科技进步贡献率统计如下：内蒙古 49.4%、云南 50%、贵州 45.4%、广西 45%、青海 46%、宁夏 55%、西藏 45%、新疆 46%。① 平均而言，民族地区的农业科技进步贡献率为 47.7%，低于全国平均水平 8.3 个百分点，处于较低水平。

三、民族地区农牧业发展的对策

2017 年中央一号文件指出，要在确保国家粮食安全的基础上，紧紧围绕市场需求变化，优化农业产业体系、生产体系、经营体系，提高土地产出率、资源利用率、劳动生产率。民族地区应抓住

① 以上数据来源于 2012—2016 年的《人民日报》《农民日报》以及各省区报纸。

“一带一路”建设的历史机遇，积极推进农业的高效、持续发展，早日实现农业增效、农民增收、农村增绿。当下民族地区农牧业发展的重点任务应是“调结构、重生态、上规模、促融合”。

（一）以市场为导向调优农业结构

调优农业结构，就是以市场需求为导向，消除无效供给，增加有效供给，减少低端供给，拓展中高端供给，优化农业供给体系。要按照稳粮、优经、扩饲的思路，统筹调整粮经饲三元种植结构，推进种养殖协调发展。各民族地区应充分利用“一带一路”建设的契机，加强与“一带一路”沿线国家在农业投资、贸易、技术和产能领域的合作，进而不断优化自身农业产业结构。各省区应该结合自身资源优势，根据市场行情，主动调整农业内部产业结构，确定特色农业产业并给予重点培育、发展。如位于内蒙古、新疆、宁夏等境内的农牧交错区，应调减籽粒玉米种植面积，扩大青贮玉米和优质牧草生产规模，发展奶牛和肉牛、肉羊养殖；对于青藏高原牧区，应重点加强草原保护建设，利用生态补偿等手段推行禁牧、休牧、轮牧和舍饲、半舍饲，发展牦牛、藏系绵羊、绒山羊等特色畜牧业；对于云南、贵州、广西等地区，在稳定基本粮食作物种植的基础上，合理开发利用林地资源、草地资源和水产资源，发展特色园艺产业、生态畜牧业和特色渔业。

（二）以持续为导向发展生态农业

生态农业是现代农业可持续发展的必然之选，对于处于我国西北、西南地区的民族地区尤其如此。首先，在上述区域发展生态农业应加大农田基础设施建设。按照《全国高标准农田建设总体规划》要求标准，民族地区到 2020 年底需要建设完成集中连片、旱涝保收的高标准农田分别为：内蒙古 3660 万亩、广西 2725 万亩、贵州 1623 万亩、云南 2400 万亩、西藏 225 万亩、青海 390 万亩、宁夏774万亩、新疆2676万亩、新疆生产建设兵团500万亩，总计占全国高标准农田的18.7%。同时展开耕地质量保护与提升项目，分区开展土壤改良、地力培肥和养分平衡，防止耕地退化，提高耕地基础地力和产出能力，到2020年和2030年，耕地基础地力提升0.5个等级和1个等级以上。加快大中型灌区建设及续建配套与节水改造、大型灌排泵站更新改造。完善小型农田水利设施，加强农村河塘清淤整治、山丘区“五小水利”、田间渠系配套、雨水集蓄利用、牧区节水灌溉饲草料地建设。其次，大力发展和推广多种形式的生态农业技术。现代生态农业技术主要包括综合生态工程技术、农村能源开发技术、立体生产技术、有机物多层次利用技术、节水技术、微生物生态技术、病虫害综合防治技术等。各地区应因地制宜地发展和推广本地区的生态农业技术。如在新疆、内蒙古等西北及长城沿线区等干旱农牧区，发展旱作农业生态技术、防治水土流失生态技术以及天然降雨集水农业技术，同时推广天然草原补播、粗饲料加工利用、牧区饲草青贮、划区轮牧、标准化养殖、幼畜早期培育等技术模式，创建农业可持续发展试验示范区。在半干旱、半湿润偏旱区建设农田集雨、集雨窖等设施，推广地膜覆盖技术，开展粮草轮作、带状种植，推进种养结合。加快农业高效节水体系建设，发展节水灌溉，推广渠道防渗、管道输水、喷灌滴灌等技术。争取到2020年和2030年，农田有效灌溉率分别达到55%和57%，节水灌溉率分别达到64%和75%。

（三）以效率为导向推进规模经营

适度规模经营是现代农牧业发展的必然方向，也是提高农业综合效益的必然手段。民族地区应按照加快构建现代农业经营体系、走中国特色新型农业现代化道路的要求，以保障国家粮食安全、促进农业增效和农民增收为目标，以连片治理土地为基础、扶持新型农业经营主体为抓手、提高社会化服务为支撑，发展多种形式的适度规模经营，引导农业集约化、专业化、组织化、社会化发展，推动一、二、三产业融合互动，不断提高劳动生产率、土地产出率和资源利用率，推动农业发展方式转变和农业现代化进程。组织农户抱团发展，让“小”农户与“大”企业联合起来，实现标准化、规模化发展，促进农业产业增效、农民生活增收、农村生态增值。

民族地区推进农业规模经营应注意以下几个问题。一是适度规模问题。各个区域的自然社会条件各不相同，农业经营规模并不是越大越好，判断规模有效的标准应是农业综合效率的提升程度。二是配套措施问题。单纯扩大土地经营规模，却不能同时保证资本、技术、企业家能力等相关要素的匹配，土地规模扩张带来的收益则可能被抵消。因此，在推进土地有序流转的同时，应积极发展农业社会化服务业。

（四）以增收为导向协调一、二、三产业融合

农村一、二、三产业融合发展就是要做强一产、做优二产、做活三产，推动农业生产全环节升级，全链条升值，加快发展农村新产业、新业态。通过延伸农业产业链、拓展农业多种功能、实施“互联网＋现代农业”行动大力发展农业新型业态、引导产业集聚发展等手段发展多类型农村产业融合方式。通过强化农民合作社和家庭农场基础作用、支持龙头企业发挥引领示范作用、发挥供销合作社综合服务优势、积极发展行业协会和产业联盟、鼓励社会资本投入等手段培育多元化农村产业融合主体。

农村一、二、三产业融合发展的根本目的是通过升级农业生产环节，延伸农业生产链条，从而促进农牧民增收。因此，各地区在推进一、二、三产业融合过程中，必须保证农牧民的利益不受损害，并能共享产业融合的红利。通过创新发展订单农业、鼓励发展股份合作、强化工商企业社会责任、健全风险防范机制等方式强化

利益联结，保障农民获得合理的产业链增值收益。通过搭建公共服务平台、创新农村金融服务、强化人才和科技支撑、改善农业农村基础设施条件等方式完善多渠道农村产业融合服务。

2016年民族地区工业经济运行及发展趋势分析

2016年，是“十三五”规划的开局之年，民族地区既要看到国际经济环境依然复杂严峻，改革发展稳定任务依然艰巨，更要看到当前我国经济运行总体平稳，民族地区经济社会发展仍处于大有可为的重要战略机遇期。

民族地区需要统筹推进“五位一体”总体布局和协调推进“四个全面”战略布局，坚持稳中求进工作总基调，牢固树立和贯彻落实新发展理念，坚持以推进供给侧结构性改革为主线，牢牢守住发展和生态两条底线，全面做好稳增长、促改革、调结构、惠民生、防风险各项工作，促进经济平稳健康较快发展和社会和谐稳定。

一、2016年民族地区工业经济运行特点

2016年民族地区工业经济继续保持高于全国的增长速度，民族地区坚持“稳中求进”工作总基调，牢牢把握结构性改革的本质特征，根据结构性问题的表现和成因明确重点任务，坚定不移推进供给侧结构性改革。工业产业结构优化升级，民族地区工业企业经营情况好转，民族工业经济活力升级。

（一）工业生产平稳，增速高于全国

表1　民族地区规模以上工业增加值增速及三次产业结构比统计表（单位：%）

地区	2016年规模以上工业增加值增速	2015年三次产业结构比	2016年三次产业结构比
内蒙古	7.2	9.0∶51.0∶40.0	3.8∶49.0∶47.2
广西	7.5	15.3∶45.8∶38.9	7.2∶47.0∶45.8
贵州	9.9	15.8∶39.5∶44.7	15.7∶39.5∶44.8
云南	6.5	15.0∶40.0∶45.0	14.8∶39.0∶46.2
西藏	12.7	9.4∶36.7∶53.9	9.1∶37.4∶53.5
青海	7.5	8.6∶50.0∶41.4	8.6∶48.6∶42.8
宁夏	7.5	8.2∶47.4∶44.4	7.6∶46.9∶45.5
新疆	3.7	16.7∶38.2∶45.1	17.1∶37.3∶45.6

数据来源：本表数据根据各省区统计局网站发布数据整理获得。

2016年，民族地区坚持稳中求进的工作总基调，主动适应经济发展新常态，大力推进供给侧结构性改革，较好地完成了全年主要目标任务。民族地区第二产业实现增加值34475亿元，比上年增长8.0%，高于全国加总1.6个百分点。

2016年，民族地区工业经济继续保持高于全国平均水平的速度增长，同比增速放缓，全年工业经济运行平稳。如表1所示，民族地区全年规模以上工业增加值同比增长7.8%，较上年回落0.7个百分点，高于全国平均水平2.8个百分点。2016年民族地区各省第二产业增加值占各省地区生产总值的比重同比变化不大，民族地区工业生产平稳。

（二）民族地区工业企业的经营呈现好转趋势

2016年，民族地区规模以上工业企业实现利润总额4084.9亿元，同比增长11.2%，占全国规模以上工业企业实现利润总额的5.9%，较上年提升0.2个百分点。2016年，民族地区中除云南规模以上工业企业利润总额下降了34.3%外，其他省区规模以上工业企业利润总额较上年均有所提升。其中规模以上工业企业利润总额增长幅度最大的是西藏，同比增加166.2%；其次是内蒙古，规模以上工业企业利润总额大幅增长，实现利润总额1242.1亿元，同比增长31%，增速较上年提升54.8个百分点；广西实现规模以上工业企业利润总额1287.7亿元，同比增长8.9%；贵州、青海、宁夏规模以上工业企业利润总额增速虽慢于全国平均水平，但呈正比例增加，同比分别增长8.2%、5.6%、4.8%和6.2%；新疆实现利润345.1亿元，同比下降4.8%。

民族地区工业企业经营状况进一步好转，2016年，民族地区规模以上工业企业主营业务收入77044.4亿元，占全国规模以上工业企业主营业务收入的6.7%，较上年提升了0.2个百分点。内蒙古规模以上工业企业实现主营业务收入19797.9亿元，同比增长7.3%；广西规模以上工业企业实现主营业务收入21978.4亿元，同比增长9.0%；贵州全年规模以上工业企业实现主营业务收入同比增长12.9%，每百元资产实现主营业务收入83.1元，比上年提高3.1元；云南规模以上工业企业实现主营业务收入10342亿元，同比增长4.7%；西藏规模以上工业企业实现主营业务收入170.7亿元，同比增长26.6%；青海规模以上工业企业实现主营业务收入同比增长3.3%；宁夏规模以上工业企业实现主营业务收入利润率为3.8%，同比增长5.3%；新疆规模以上工业企业实现主营业务收入8222.28亿元，同比增长0.8%。

2016年，民族地区中，除新疆规模以上工业企业亏损数增长了9.8%，其余省区的规模以上工业亏损企业个数均有所下降。从下降幅度来看，下降幅度最大的是西藏，同比下降20.6%，其次是内蒙古，2016年内蒙古规模以上工业亏损企业同比减少10%。民族地区中规模以上亏损企业数变化幅度最小的是广西，同比下降了2.7%。

事实上，民族地区规模以上工业亏损企业数量和亏损总额均呈现出下降的趋势。从规模以上工业企业亏损总额上来看，内蒙古以430.9亿元的总额位列民族地区第一，其次是新疆，以387.1亿元的亏损总额紧随其后，亏损最少的是西藏，2016年西藏规模以上企业亏损14.9亿元。从规模以上亏损企业亏损总额变化幅度上看，民族地区中下降幅度最大的是青海，同比下降了45.8%，其次是宁夏，同比下降33.1%，降幅最小的是贵州，同比下降4.4%。

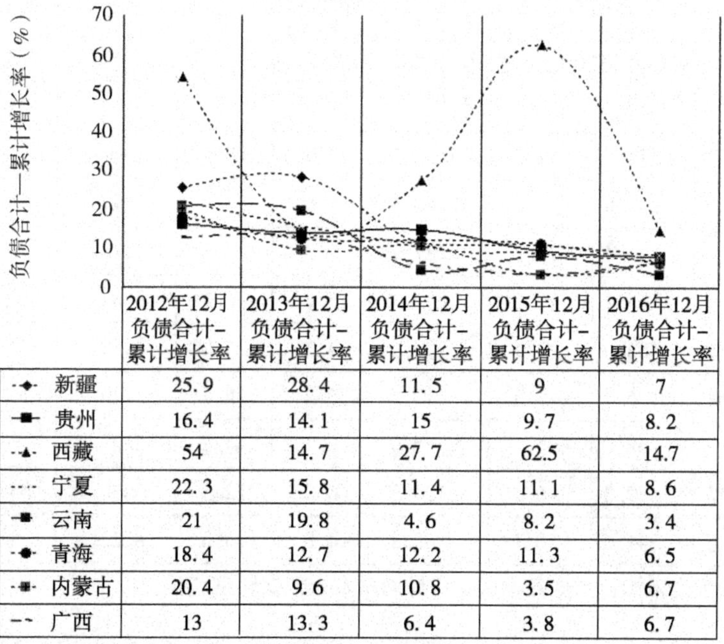

	2012年12月负债合计–累计增长率	2013年12月负债合计–累计增长率	2014年12月负债合计–累计增长率	2015年12月负债合计–累计增长率	2016年12月负债合计–累计增长率
新疆	25.9	28.4	11.5	9	7
贵州	16.4	14.1	15	9.7	8.2
西藏	54	14.7	27.7	62.5	14.7
宁夏	22.3	15.8	11.4	11.1	8.6
云南	21	19.8	4.6	8.2	3.4
青海	18.4	12.7	12.2	11.3	6.5
内蒙古	20.4	9.6	10.8	3.5	6.7
广西	13	13.3	6.4	3.8	6.7

图1　民族地区近五年规模以上工业企业负债合计–累计增长速度示意图

从图 1 可以看出，民族地区近五年规模以上工业企业负债合计累计增长速度呈下降趋势，从累计下降幅度上看，下降幅度最大的是西藏，从 2012 年 12 月的 54% 下降到 2016 年 12 月的 14.7%，累计下降 39.3%；其次是新疆，五年来累计下降 18.9%；累计下降幅度最小的广西，五年来规模以上工业企业负债合计累计增长率下降 6.3%。

表 2　2015—2016 年民族地区规模以上工业企业利润总额、主营业务收入统计表

地区	2015 年规模以上工业企业利润总额（亿元）	2015 年规模以上工业企业利润增速（%）	2016 年规模以上工业企业利润总额（亿元）	2016 年规模以上工业企业利润增速（%）	2016 年同比增速变化值（%）	2016 年规模以上工业企业主营业务收入（亿元）	2016 年规模以上工业企业主营业务收入增速（%）
全国	63554.0	-2.3	68803.2	8.5	10.8	—	—
内蒙古	940.5	-23.8	1242.1	31.0	54.8	19797.9	7.3
广西	1157.4	21.2	1287.7	8.9	-12.3	21978.4	9
贵州	616.1	10.7	669.8	5.6	-5.1	10654.9	12.8
云南	462.0	-9.5	309.1	-34.3	-24.8	10342	4.7
西藏	6.4	-49.5	16.5	166.2	215.7	170.7	26.6
青海	68.8	-36.1	76.9	8.1	44.2	2227.1	3.3
宁夏	79.3	-6.3	137.7	6.2	12.5	3636.1	5.3
新疆	341.6	-50.1	345.1	-4.8	45.3	8222.3	0.8

数据来源：根据各省区统计局网站发布数据整理获得。

2016 年，民族地区规模以上工业企业负债合计累计增长率最低的是云南，最高的是西藏。2016 年民族地区中负债合计累计增长率较 2015 相比，只有内蒙古和广西呈现增速加快的现象，其余民族地区的负债合计累计增加速度都有所减慢，说明民族地区规模以上工业企业经营状况进一步好转。

表 3 民族地区 2016 年亏损企业数和亏损总额统计表

地区	企业单位数（个）	亏损企业累计值（个）	亏损企业同比增长（%）	亏损企业亏损总额累计值（亿元）	亏损企业亏损总额同比增长（%）
内蒙古	4344	887	-10	430.9	-17.2
广西	5524	877	-2.7	113.4	-30.3
贵州	5010	733	-8.5	122.5	-4.4
云南	4145	1096	-6.0	207.6	-16.5
西藏	111	27	-20.6	14.9	-18.1
青海	590	177	-7.3	39	-45.8
宁夏	1242	340	-7.9	59.1	-33.1
新疆	2825	875	9.8	387.1	23.9

数据来源：根据各省区统计局网站发布数据整理获得。

（三）去产能任务圆满完成

2016 年，全国去产能的任务是压减粗钢产能 4500 万吨和退出煤矿产能 2.5 亿吨以上，实际完成了压减 6500 万吨落后过剩钢铁产能和去除 2.9 亿万吨以上煤矿产能。

2016 年，民族地区积极推动供给侧改革，全部完成煤炭钢铁行业去产能任务。贵州省认真落实煤炭、钢铁等行业化解过剩产能脱困发展实施方案，全年压减粗钢产能 220 万吨，关闭煤矿 121 处，全面完成贵州与国家签订的去产能目标任务。除此之外，贵州省规模以上有色、煤炭、冶金等行业产成品库存同比分别下降 4.7%、16.9% 和 29.5%。2016 年，内蒙古关闭煤矿 10 处，淘汰产能 330 万吨，已完成全年目标，退出钢铁产能 291.25 万吨，完成全年目标的114%。广西累计压减钢铁产能205万吨、煤炭产能236万吨。云南去生铁产能125万吨、粗钢产能376万吨、煤炭产能1896万吨。宁夏供给侧结构性改革扎实推进，提前超额完成了煤炭去产能任务，关闭煤矿11处，退出产能554万吨，同时，完成全部的煤炭、钢铁行业的去产能任务，煤炭产量同比下降11.2%、粗钢同比下降12.4%、钢材同比下降18.2%。新疆切实推进“三去一降一补”，有效化解钢铁、煤炭过剩产能，全面完成压减炼钢产能90万吨的全年目标任务；关闭煤矿21个，合计产能274万吨，完成年度目标任务的115%。

（四）工业基础设施建设持续加强

2016年，民族地区坚持立足当前、着眼长远、聚焦薄弱环节，加快补齐基础设施短板。内蒙古呼张客运专线内蒙古段全线铺轨，通辽、赤峰至京沈客专连接线开工建设，京新高速公路内蒙古段主线贯通，经棚至锡林浩特高速公路建成，2200多个行政嘎查村通了硬化路，乌兰察布机场正式通航，实现了盟市支线机场全覆盖。广西建成内河千吨级泊位10个，新增吞吐能力657万吨，建成北部湾港万吨级泊位3个，新增吞吐能力1364万吨。广西14个设区城市实现光纤网络全覆盖，所有行政村开通网络信号。贵州切实加强国家大数据综合试验区建设，获批建设首个国家大数据工程实验室、贵州·中国南方数据中心示范基地、贵阳·贵安国家级互联网骨干直联点，大数据电子信息制造业规模以上工业增加值同比增长71.3%。云南多渠道筹措建设资金，基础设施建设完成投资5564亿元，沪昆客专、云桂铁路云南段建成运营，16个重大项目纳入国家中长期铁路网规划，成为迈入高铁时代又一个民族地区省区。西藏藏木、多布、果多水电站和旁多水利枢纽投入运营，拉洛水利枢纽提前截流，电力总装机容量达265万千瓦，四年增长1.3倍，建成川藏电网联网工程，外送电力8.2亿千瓦时，增长1.5倍，首次实现净外送电力 2 亿千瓦时。青海水利工程建设实现重大突破，引大济湟调水总干渠开闸通水，西干渠和北干二期开工建设，蓄集峡水利枢纽、黄河干流防洪、拉瓦西灌溉等重点水利工程全面推进，果洛三县联网工程圆满完成，“电力孤岛”并网，实现了青海大电网县域全覆盖。

（五）工业发展注重生态保护，向绿色工业发展

2016 年，民族地区坚持生态保护与制度建设同抓、工程治理与自然修复并重，驰而不息推进生态文明建设。内蒙古全面实施大气、水、土壤污染防治行动计划，城市空气质量优良天数比例达到 86%。贵州加强重点生态工程建设，完成退耕还林 130 万亩，森林覆盖率提高到 52%。云南深入实施水、大气、土壤污染防治行动计划，实施退耕还林还草 160 万亩，治理水土流失面积 4720 平方公里，完成中低产田地改造 336 万亩。西藏广泛开展生态文明示范创建活动，自治区级生态县达 7 个、生态乡镇 128 个、生态村 1296 个。宁夏启动“蓝天碧水 · 绿色城乡”专项行动，综合整治黄河支流、入黄排水沟、城市黑臭水体，黄河宁夏段Ⅲ类良好水质以上断面达 100%。新疆严格环境执法监管，整治违法排污企业，清理整顿环保违法违规建设项目，加强重点污染企业环保信用评价和信息公开，积极推进乌鲁木齐—昌吉—石河子区域环境同防同治。

二、2016 年民族地区工业经济发展中存在的问题

（一）增长动力转续衔接不够，稳增长压力较大

2016 年，我国民族地区传统工业受产能过剩、需求减弱的影响，已经过了高速增长期，开始逐步回落。新兴工业成长虽然较快，但对经济增长贡献较小，尚未成为主导力量。由于民族地区结

构调整仍处于爬坡过坎阶段，新旧动能转换尚未完成，稳增长压力仍然较大。

从近五年工业累计增加值增速来看，2016 年民族地区工业增加值平均增速自 2012 年累计下降了 37.1 个百分点。云南是下降最严重的地区，其工业增加值增速从 2012 年的 15.6% 下降到 2016 年的 6.5%，其次是新疆，其工业增加值增速五年来累计下降了 9.0 个百分点。可见民族地区近五年工业增加值增速从整体上呈现逐年递减的趋势。近两年的工业增加值增速也基本呈现出同样的特点。2016 年，我国民族地区中，除贵州的工业增加值增速较上年持平外，其余地区均有所回落。2016 年，西藏工业增加值降幅最大，增速较上年回落了 1.9 个百分点；其次是新疆，增速较上年回落了 1.5 个百分点。

表 4　民族地区近五年工业累计增加值增速统计表（单位：%）

地区	2012 年 12 月	2013 年 12 月	2014 年 12 月	2015 年 12 月	2016 年 12 月
内蒙古	14.8	12.0	10.0	8.6	7.2
广西	15.9	12.9	10.7	7.9	7.5
贵州	16.2	13.6	11.3	9.9	9.9
云南	15.6	12.3	7.3	6.7	6.5
西藏	15.1	12.2	6.0	14.6	12.7
青海	14.8	12.6	9.1	7.6	7.5
宁夏	13.8	12.5	8.3	7.8	7.5
新疆	12.7	12.9	10.0	5.2	3.7
均值	15.0	12.6	9.1	8.6	7.9

资料来源：根据国家统计局网站数据整理获得。

市场需求不足导致工业产品价格明显下降。2016 年，民族地区工业生产者出厂价格指数平均同比下降 1.5%。其中云南工业生产者出厂价格指数同比下降 2.4%，是民族地区中工业生产者出厂价格指数下降最多的地区；其次是贵州，同比下降 2.1%；广西、宁夏下降最少，同比下降 0.9%；内蒙古、新疆、青海省、西藏工业品价格同比分别下降了 1.1%、1.4%、1.5%、1.4%。可见，民族地区受经济下行压力的影响，工业生产者出厂价格均有所下跌，工业依然是保持稳增长最困难的行业。

（二）民间投资不振

近年来，在全国经济进入新常态的大背景下，新技术、新业态和新模式引导的新兴上升动力与来自重化工业和产能过剩主导的下行压力并存，传统产业和新兴产业“青黄不接”。在部分产能过剩、市场需求不足以及生产经营成本偏高的形势下，一些实体项目回报率不高，致使企业投资意愿不强。受市场需求不足、投资意愿下降的影响，民族地区民间投资增速放缓。目前，民间投资主要存在四个方面的问题：一是部分法规政策虽好却落实不到位，政策落实、落细、落地难，“最后一公里”和“中梗阻”现象还时有发生；二是民营企业在市场准入、资源配置和政府服务等方面与国有企业相比还存在一些待遇上的差别；三是融资难、融资贵，民族地区民营企业融资成本比较高；四是地方政府行政审批效率有待提高，简政放权尚需进一步推进。这些因素都在不同程度上影响了民族地区民间投资的健康发展。

2016 年，民族地区民间投资同比增长 2.5%，低于全国 0.7 个百分点，比 2015 年、2014 年分别回落 1.4 个百分点和 17.8 个百分点，增速趋于放缓，处于近年来最低水平，其中内蒙古、云南、新疆民间投资出现负增长。民族地区民间投资占全部固定资产投资比重下降到 45%。2016 年，民族地区中民间投资增速高于全国平均水平的有广西、贵州、青海、宁夏，其余民族地区民间投资增速均低于全国民间投资平均增速。从民间投资的增速上来看，增速最大是宁夏，其次是贵州。2016 年，贵州的民间投资增速为 11.9%，但其增速较上年回落了 4.5 个百分点，民间投资增速有所放缓。从增速回落的幅度上看，民族地区中同比增速回落最大的是新疆，回落了 28.9 个百分点，其次是内蒙古，增速较上年回落了 16.2 个百分点。民族地区民间投资增速下降显示出民族经济的内生动力需要增强。

2016 年，全国工业投资总额 227892 亿元，同比增长 3.6%，民族地区完成工业投资 25617.26 亿元，占全国工业投资总额的 11.2%。民族地区中仅有贵州和西藏的工业投资增速高于全国平均水平。其中西藏同比增长 10.5%，增速较上年提升了 36.5 个百分点，是民族地区中唯一一个增速同比有所上升的省区；贵州完成工业投资 3076.5 亿元，同比增长 12%，增速较上年回落 5.5 个百分点；内蒙古完成工业投资 6425.6 亿元，同比下降 0.4%，增速较上年回落了 16.5 个百分点；广西工业投资形势严峻，全年工业投资同比增长 0.2%，增速比上年回落了 13.9 个百分点；云南完成工业投资 2850.2 亿元，同比下降 9.4%，增速较上年回落了 22.2 个百分点；青海完成 1193.4 亿元工业投资，同比下降 8.5%，增速较上年回落了 16.8 个百分点；宁夏完成工业投资 1640.9 亿元，同比下降 0.5%，增速较上年回落了 16.2 个百分点；新疆完成工业投资 3738.5 亿元，同比下降 26.1%，增速比上年回落了 32.4 个百分点，是民族地区 2016 年工业投资下降幅度最大的地区。民间投资和工业投资的下降在一定程度上将导致民族地区工业发展后劲不足，减弱增长支撑，长期下去将不利于民族地区工业经济的发展。

表5　2016年民族地区民间投资、工业投资及其增速统计表

地区	民间投资（亿元）	民间投资增速（%）	民间投资增速同比变化值（%）	工业投资（亿元）	工业投资增速（%）	工业投资增速同比变化值（%）
内蒙古	6883.6	-6.5	-16.2	6425.6	-0.4	-16.5
广西	10869.6	7.5	-8.6	6401.5	0.2	-13.9
贵州	5395.5	11.9	-4.5	3076.5	12	-5.5
云南	5380.4	-4.1	-12.5	2850.2	-9.4	-22.2
西藏	264.6	-17.3	—	290.8	10.5	36.5
青海	1212.1	9.4	-14.2	1193.4	-8.5	-16.8
宁夏	2104.8	13.8	—	1640.9	-0.5	-16.2
新疆	3411.3	-21.7	-28.9	3738.5	-26.1	-32.4
民族地区	35521.8	2.5	1.4	25617.3	—	—

数据来源：根据各省区统计局网站发布数据整理获得。

（三）产业结构升级任务艰巨

民族地区的经济发展由于受到了自然地理因素和社会历史等多种因素的影响，长期以来，工业经济规模偏小、创新发展能力不足，形成了依托资源禀赋的工业产业结构，民族地区工业经济偏重、偏粗、偏短的产业结构短期内难以改变，产业转型升级任重道远。

2016年，民族地区六大高耗能行业增加值占规模以上工业增加值的比重明显高于全国平均水平，全国六大高耗能行业增加值同比增长5.2%，增速较上年回落了1.1个百分点，占全国规模以上工业增加值的28.1%。广西全年六大高耗能行业增加值同比增长

8.7%，占规模以上工业增加值的比重为37.9%。贵州六大高耗能行业增加值1216.7亿元，占规模以上工业增加值的比重为30.2%；青海六大高耗能行业增加值同比增长4.9%，占规模以上工业增加值的62.5%；云南六大高耗能行业增加值1312.5亿元，同比增长6.4%，占规模以上工业增加值的比重为35.8%；宁夏六大高耗能行业实现增加值536.6亿元，同比增长1.9%，占规模以上工业增加值的比重为51.6%；新疆六大高耗能行业增加值同比增长13.1%，占规模以上工业增加值的比重为55.7%。

从以上这些数据看来，民族地区工业结构中产业结构依旧不太合理，六大高耗能产业增加值占地区规模以上工业增加值的比重居高不下，说明我国民族地区工业产业转型需求迫切。

表6　2016年民族地区规模以上轻重工业比较统计表

地区	规模以上轻工业同比增长（%）	规模以上重工业同比增长（%）
内蒙古	5.9	7.5
广西	3.8	9.1
贵州	10.1	9.8
云南	—	—
西藏	8.4	14.6
青海	13.6	6.2
宁夏	15.2	5.8
新疆	11.7	2.5

数据来源：根据各省区统计局网站发布数据整理获得。

不仅如此，民族地区轻重工业发展也不均衡，以重工业为主的产业结构一时很难转变。2016年，民族地区规模以上工业中宁夏轻工业的发展最好，其规模以上轻工业增加值的增幅表现最为突出，轻工业增加值同比增长15.2%，重工业增加值同比增长

5.8%；其次是新疆，规模以上工业企业实现轻工业增加值同比增长11.7%，重工业增加值同比增加2.5%，是民族地区中重工业增加值增速最慢的地区。民族地区中，轻重工业增加值增速最为接近的是贵州，其轻工业增加值同比增长10.1%，重工业增加值同比增长9.8%，轻重工业增加值增速差值仅为0.3个百分点。但是，民族地区中的西藏、广西、内蒙古，轻重工业的增长速度表现出不同于以上民族地区的轻快重慢，而是重工业增加值的增速明显快于轻工业的增加值。

结合以上数据，我们可以得出民族地区中重工业占有绝对比重的工业结构一时难以完全改变的结论，当前民族地区的经济发展依旧要牢抓产业结构转型。

（四）对外贸易持续下滑，经济内向型特征仍较明显

2016年，民族地区受人民币汇率波动、国际大宗商品价格低迷等因素影响，对外贸易持续下滑。民族地区进出口总额同比下降8.8%，高于全国平均水平7.9个百分点。对外贸易额占全国比重仅为3.0%，对外贸易依存度为9%，低于全国平均水平24个百分点。从地区进出口总值上看，民族地区各省区进出口总量均有所下降。

从增速降幅上来看，2016年，贵州进出口总值为56.9亿元，降幅最大，同比下降53.4%；其次是宁夏，从2015年的增长11.8%发展到2016年下降21.2%；云南同比下降18.8%；西藏同比下降14.4%；青海同比下降12.5%；新疆同比下降10.2%；内蒙古同比下降8.8%；最后是降幅最小的广西，同比下降了6.4%。

民族地区自由贸易市场欠发达，产业承接园区和加工基地较少，口岸通关一体化、便利化进程缓慢，经济内向型特征仍然较为明显，尚不能充分利用国际国内市场，对外开放水平较低。

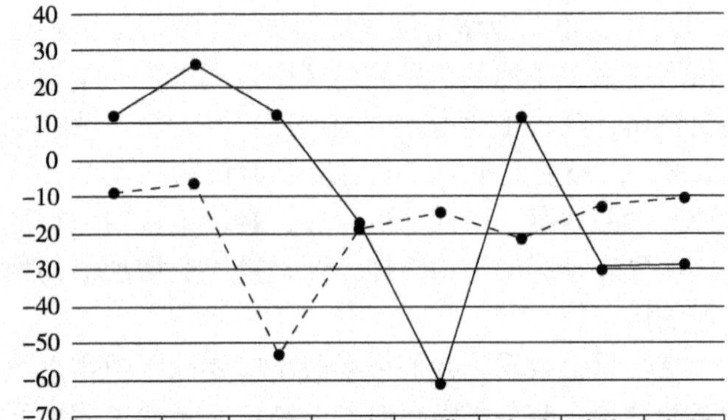

	内蒙古	广西	贵州	云南	西藏	宁夏	青海	新疆
—●—2015年增速（%）	12. 3	26. 4	13	-17. 2	-60. 9	11. 8	-29. 6	-28.9
- ●- 2016年增速（%）	-8. 8	-6. 4	-53. 4	-18. 8	-14. 4	-21. 2	-12. 5	-10. 2

图 2　2015—2016 年民族地区进出口总值增速示意图

数据来源：由国家统计局网站整理获得。

三、促进民族地区工业经济持续较快增长的对策建议

2016 年，民族地区全面贯彻中央关于经济工作的决策部署，以推进供给侧结构性改革为主线，有效应对经济下行压力加大的严峻挑战，着力稳增长、促改革、调结构、惠民生、防风险，推动经济社会发展稳中有进、稳中向好。民族地区工业经济健康发展，企业盈利能力不断增强，去产能任务圆满完成，工业基础设施建设持续加强，工业发展注重生态保护，向绿色工业发展。与此同时，有些省区还面临着增长动力转续衔接不够、民间投资乏力、产业结构升级任务艰巨、工业经济内向型特征明显等问题。2017 年，民族地区需要从外部环境和内部资源能力等多方面寻求突破口，深化结构调整，推进转型升级，确保民族地区工业经济的可持续发展，通

过产业扶贫为扶贫攻坚做出应有的贡献。

（一）深入实施创新驱动发展战略，推动产业结构转型升级

党的十八大以来，我国创新发展取得突破性成就，科技发展格局出现重大变化，这为实现新旧动能接续转换、扩大就业、经济提质增效、保持“双中高”发挥了关键作用。民族地区产业结构单一，新旧动能转换尚未完成，工业经济增长压力较大。促进工业经济持续较快增长要加快工业经济转型升级，充分利用民族地区资源要素价格的比较优势，延长产业链，提高附加值，促进工业提档升级。民族地区要坚持深入推进实体经济振兴发展，以提高质量和核心竞争力为中心，坚持创新驱动发展，扩大高质量产品和服务供给，用新技术、新业态全面改造、提升传统产业。鼓励全社会参与创新、创业。坚持“众创、众包、众扶、众筹”，大力推进大众创业、万众创新。鼓励发展建设一批低成本、便利化、全要素、开放式的众创空间和创新创业社区，完善创新创业孵化服务体系和政策支撑体系。应用创客空间、创业咖啡馆、创新工场等新型孵化模式，围绕创业者提供创业服务并打造创业生态圈。围绕创业者提供各类技术性的服务，譬如创业者前三个月最需要的注册、法律、财务、税收服务等，提供办公空间、创业培训、投融资对接、团队搭建及媒体资讯等。

工业经济部门要积极推进技术创新和科技进步，发挥科技创新在全面创新中的引领作用，加强企业与高等院校和科研院所开展产学研交流合作，支持企业在高校建立科研基地。强化企业创新主体地位和主导作用，完善企业自主创新研究机制，推进企业建立技术研发机构。推动政府职能从研发管理向创新服务转变，提高财政科技投入比例，加大金融支持和税收优惠力度，落实更加高效的科研体制和普惠性创新支持政策。解决产业发展的瓶颈制约问题，集中

资源实施一批重大科技项目，鼓励民族医药、大数据等区域优势产业加强校企联合，实现技术改造升级。以工业园区、富民产业、循环经济和电商平台为载体，引导构建产业技术创新联盟，推动跨领域、跨行业、跨企业协同创新，促进科技与经济深度融合。建立完善技术和知识产权交易平台，完善科技咨询制度，促进科技成果资本化、产业化，推动新旧动能转换。

（二）根植资源优势，培育特色产业，推进品牌创建

在现有特色资源的基础上延长产业链，发展特色工业，链接第一产业和第三产业，使第一产业和第三产业更有竞争力。民族地区地域广阔，各省区之间又各具特色，丰富而独特的生物资源、矿产资源、生态环境资源、民族文化资源、民族艺术资源、民族历史资源，以及包含中医、厨艺、制茶、养发等特殊技艺的民族技术资源，是民族地区工业发展的最现实基础，是实现工业经济腾飞的重要依托。因此，加快民族地区工业经济发展要发挥优势，体现特色，分类指导，根本路径是依托地区特色资源，发展特色优势产业，做好特色优势产品的品牌创建活动，不断形成有效产品供给。民族地区在资源的开发利用上应牢固树立依托资源而不依赖资源的正确观念，依托自然资源优势，积极构筑社会资源优势，建设大基地，引进大企业，吸引大项目。通过大企业、大项目、大基地聚集科技、人才、资本、管理等优势生产要素，推动民族地区工业经济实现跨越式发展。各省区要加强对产业发展的规划指导，扶持、培育重点产业发展，坚持分类指导、区别对待。通过全面实施重点产业调整和振兴规划，指导利用好民族地区资源优势，优化产业结构布局，以信息化带动工业化，以工业化促进信息化，大力发展民族地区特色优势产业，形成产业集聚，增强自我发展能力，推动供给侧结构性改革。注重一、二、三产业融合发展，大力培育新模式、新形态、新业态，营造工业经济与现代农牧业、民族手工业、文化

旅游业的共生效应，拉长、延伸产业链条，努力提升品牌培育和质量管理水平，着力提升品牌价值，让特色产业在民族地区落地生根。

（三）不断推进“放管服”改革，着力改善营商环境

发展民族地区工业经济，不仅要在资源、技术方面实现突破，更要在体制、机制上不断创新，用政府权力减法换取市场活力乘法，通过“放管服”改革，改善营商环境，给企业带来看得见、摸得着的红利。持续深化行政审批和商事制度改革，减少政府对市场的过多干预，加快非公有制经济发展各项措施落实，改善营商环境，继续培育发展中小微企业。一是要做好“放”的减法，简政放权，聚焦增活力、添动力，加快商事制度改革节奏和频率，形成组合拳，让企业深切感受到审批少了、门槛低了、环境好了；二是要做大“管”的加法，放、管结合，“放手”不“甩手”，对违法、违规经营要念“紧箍咒”，为企业营造一个健康成长的公平竞争环境；三是要做活“服”的乘法，精准服务，找准企业的真需求、真痛点，减少企业的各种交易成本。以改革点燃民族地区的创业热情，激发市场活力和创造力，促进新产业、新业态蓬勃兴起，为新常态下民族地区产业结构升级提供强大新动能。

（四）准确定位，深度融入“一带一路”建设

“一带一路”倡议为民族地区在更高平台、更大范围内发展外向型经济和参与全球经贸合作创造了难得的有利条件，是当前民族地区融入国家发展战略的重要切入点。三年多来，“一带一路”倡议的实施助推封闭落后的民族地区变成为“开放前沿”，新疆、广西、云南、内蒙古等省区都在“一带一路”建设中取得了初步的成果。在国家深度推进“一带一路”的大背景下，要进一步准确界定民族地区深度融入“一带一路”倡议中，做好开放平台的整合和开

放、开发项目的统一规划，形成统一有序、发展协调的产业布局。围绕打造特色产业和产业特色，着力培育一批在全国乃至世界有影响力的龙头企业和拳头产品，积极寻求在全球产业链中的民族定位。

（五）打破地域界限，积极谋求建立“飞地经济工业园”

近年来，“飞地经济”已在沿海发达地区取得成效和经验，这种由政府引导、企业参与、优势互补、园区共建、利益共享的跨区域合作模式为民族地区的外向型工业经济发展提供了一条很好的思路。民族地区要博采众长，提高跨区域合作意识，结合本地实际，在全面梳理全国产业分工总体格局的基础上，找到产业分工的空隙，并与其自身可挖掘的优势资源结合起来，使相对落后的民族地区真正融入区域发展乃至全球产业分工的链条之中，以自身的比较优势塑造竞争优势。民族地区要做好“飞地经济工业园”工作，可以从以下三个方面着手：一是对飞入地和飞出地进行全面的摸底调研，了解不同区域的发展定位、资源禀赋和成本差异，促进要素的自由、有序流动；二是结合自身优势和区域产业布局作出规划，对经济政策和社会政策作出一系列调整，出台能够吸引资金、人才、技术的举措。三是按照市场化原则和方式，吸引社会资本参与园区开发和运营管理，提高园区专业化运行水平。

2016年民族地区服务业运行及发展趋势分析

发达的服务业不仅是推进经济结构转型升级的重要动力，也是全面建成小康社会的重要保障。2016年是我国供给侧结构性改革的转型之年，也是全面建设小康社会的关键开局之年，在“去产能调结构”这一总体战略思想指导下，我国的产业结构进一步优化，服务业“稳中有进”的发展势头得到强化。主要表现为：服务业对国内生产总值的贡献率达到63.3%，服务业作为国民经济第一大产业的地位进一步巩固；服务创新持续增强，新兴产业和业态大量涌现；服务贸易规模不断扩张，吸引外资和对外投资取得新突破，服务需求旺盛，新兴服务消费增势强劲。

与国内服务业整体发展状况趋同，2016年，民族地区政府主动作为，顺应服务业集聚发展、融合发展、创新发展的大趋势，以服务业市场化、产业化、社会化、国际化为中心，推动服务业整体快速发展，服务业主体作用愈加突出。金融、物流和信息服务等生产性服务业迅猛发展，持续引领民族地区服务业产业结构的优化和升级。同时，民族地区服务贸易、旅游和教育等生活性服务业也都有一定程度的增长，服务供给更加丰富，对民族地区经济增长和民生改善起到较好的支撑与带动作用。

一、2016 年民族地区服务业经济运行态势

（一）服务业增加值快速增长，服务业主体地位愈加突出

2016 年，民族地区服务业增加值快速增长，服务业在民族地区经济发展中的主体地位进一步确立。如表 1，数据显示，2016 年民族地区服务业实现增加值 34812.0 亿元，较上年增长 3122.6 亿元，占全国服务业增加值比重为 9.1%，与上年基本持平。近年来，服务业占民族地区生产总值比重持续提高，2016 年达到 43.5%，增长 1.1 个百分点。[①] 而且从行业增加值来看，2016 年民族地区服务业增加值也首次超过工业产业增加值。[②] 以上数据表明，服务业已经成为民族地区经济发展中的第一大产业。

分省区来看，2016 年民族地区服务业增加值最大的前三位分别为内蒙古、广西和云南，依次为 7925.1 亿元、7226.6 亿元和 6875.6 亿元。服务业增加值增速最快的前三位分别是贵州、云南和西藏，增长比率依次为 11.4%、11.4% 和 11.2%，高于全国平均水平。除新疆外，其余七省区服务业增加值增速均在 10.0% 左右。从服务业增加值占地区生产总值比重来看，民族地区中最高的是西藏，比重达到 53.5%，高于全国平均水平 1.9 个百分点；最低的是广西，服务业占 GDP 比重仍能达到 39.6%。

---

① 2011—2015 年民族地区服务业占 GDP 比重依次为 37.7%、38.4%、40.0%、40.9% 和 42.4%。

② 2016 年民族地区工业产业增加值为 34475 亿元，相关数据经 2016 年各省区统计公报整理计算而得。

表1　2015—2016 年全国和民族地区服务业发展情况统计表

地区	2015 年服务业增加值（亿元）	2016 年服务业增加值（亿元）	增长率（%）	2016 年地区生产总值（亿元）	服务业增加值占 GDP 比例（%）
全国	341567.0	384221.0	12.5	744127.0	51.6
民族地区	31689.4	34812.6	9.9	79972.0	43.5
内蒙古	7213.5	7925.1	9.9	18632.6	42.5
广西	6542.4	7226.6	10.5	18245.1	39.6
贵州	4715.0	5251.2	11.4	11734.4	44.8
云南	6169.4	6875.6	11.4	14870.0	46.2
西藏	553.3	615.2	11.2	1150.1	53.5
青海	1000.8	1101.3	10.0	2572.5	42.8
宁夏	1294.3	1434.6	10.8	3150.1	45.5
新疆	4200.7	4383.0	4.3	9617.2	45.6

注：（1）2015—2016 年数据由国家及各省区统计公报计算获得。（2）按行业生产增加值占地区生产总值增加值比重计算对 GDP 贡献率。

（二）服务业固定资产投资力度大，服务业投资额占比持续攀升

2016 年，民族地区继续增加对服务业的固定资产投资，服务业投资额占比继续提升。

如表 2 数据显示，2016 年民族地区服务业投资额为 51092.9 亿元，占固定资产投资总额的 62.8%，高于全国平均水平 5.8 个百分点；占比增速为 5.4%，高于全国平均水平 3.9 个百分点。服务业投资额同比增加 9675.8 亿元，同比增长 10.9%，以上数据说明，民族地区在投资增速总体趋缓的形势下，服务业固定资产投资额仍然是占全年固定资产投资比重最大的领域，且基本保持了两位数

增长。

分省区来看，2016 年，民族地区服务业投资额占固定资产投资额的比重都超过了 50%，云南、西藏、贵州三省超过了 70%，高于全国平均水平近 20 个百分点，最低的内蒙古、宁夏、广西三省也接近全国平均水平。以上数据表明，民族地区的服务业投资已成为占固定资产投资比重最大的领域。从增长速度来看，2016 年，内蒙古、云南、西藏三省区服务业投资同比增长最快，依次为 29.8%、29.3%和 26.9%，均高于全国平均水平。从占比增长速度来看，民族地区均高于全国平均水平。其中，青海、新疆、内蒙古三省区增长最快，依次为 8.4%、7.9%、7.3%。

表 2　2016 年全国和民族地区服务业投资及占全年固定资产投资比重统计表

地区	固定资产投资总额（亿元）	服务业投资额（亿元）	占比（%）	较上年增加（亿元）	同比增长（%）	占比增速（%）
全国	606466.0	345837.0	57.0	33898.0	23.4	1.5
民族地区	81306.1	51092.9	62.8	9675.8	10.9	5.4
内蒙古	15469.5	8197.4	53.0	1880.6	29.8	7.3
广西	18236.8	10177.4	55.8	1750.4	20.8	2.0
贵州	12929.2	9563.1	74.0	1838.0	23.8	1.7
云南	15662.5	12182.5	77.8	2758.9	29.3	5.7
西藏	1655.5	1263.4	76.3	268.1	26.9	2.1
青海	3533.2	2071.0	58.6	429.7	26.2	8.4
宁夏	3835.5	2031.9	53.0	327.8	19.2	4.8
新疆	9983.9	5606.2	56.2	422.4	8.1	7.9

数据来源：来源于国家及各省区统计公报。

（三）信息服务业迅猛发展，服务创新持续加强

信息服务业是现代服务业的技术支撑，是提高服务业品质的重要环节之一。近年来民族地区不断增加信息服务业固定资产投资，积极响应2015年国务院发布的《国务院关于积极推进“互联网+”行动的指导意见》（国发〔2015〕40号）行动计划，推进民族地区“互联网+”、大数据、电子商务等信息服务业快速发展。2016年，内蒙古新兴产业投资呈现快速增长态势，信息传输和软件技术服务业投资同比增长49.6%，高于全部投资增速37.6个百分点，内蒙古煤炭电子交易中心交易量和交易额同比分别增长57.6%和89.9%，包头稀土产品交易所交易量和交易额同比分别增长154.9%和468.5%。广西高技术服务业营业收入同比增长11.7%，较上年提升3.7个百分点，规模以上服务业的比重为35.1%。[①] 贵州省大数据电子信息制造业规模以上工业增加值同比增长71.3%，软件和信息服务业收入同比增长35%，电子商务交易额同比增长30%，互联网和相关服务、软件和信息技术服务业企业营业收入同比分别增长171.0%和52.1%。云南省大力发展信息产业，“云上云”行动计划稳步实施，与阿里巴巴、腾讯、浪潮、华为等企业开展实质性合作，以晴、惠科等重点项目顺利实施，云计算、大数据、“互联网+”在产业发展中发挥巨大作用。青海全年电子信息制造和软件服务业实现收入49.1亿元，信息消费投入109亿元，信息消费规模267亿元。

物联网、云计算、大数据等现代信息技术的迅猛发展使服务业在技术、管理、商业模式方面的创新层出不穷。越来越多传统产业的企业进行线上线下互动融合，部分甚至转型成为供应链集成服务平台，整合标准化的服务要素和资源，催生了丰富多样的“互联

---

① 2016年信息服务业相关数据资料来源于2017年各省区政府工作报告。

网+”跨界合作模式。2016年，广西网民规模保持较快增长，普及率不断提高，网民达2213万人，增长率为8.8%，高于全国增长速度（6.2%）；提速降费、宽带广西战略行动计划成效显著，广西8M及以上、20M及以上宽带用户占比分别较上年提升24.0%和37.8%，移动互联网接入流量达2.2亿GB，实现翻倍增长；电子商务呈现蓬勃生机，广西电子商务交易额达6000亿元，同比增长35.7%，成为扩内需促消费、推动经济结构性转型的重要助力；民生服务类应用发展势头迅猛；互联网助推政务服务、政务公开，成效显著，广西网民通过在线城市服务、政府网站获得政务服务的人数及使用率超过了线下政务大厅；本地互联网企业发展势头良好，相关重点业务营业收入达9.4亿元，同比增长31.6%。[①] 互联网的逐步发展也拉动了一些新型产业的需求，如2016年，内蒙古快递业务量和业务收入分别增长56.0%和50.4%[②]。

（四）高铁网粗具规模，特色旅游发展迅猛

2016年，民族地区继续加强对铁路、公路等基础设施建设的投资力度。[③] 从可得数据来看，2016年，广西云桂高铁全线通车，玉林实现动车通车，继而广西省铁路营业总里程达到5141公里，铁路客运量达8813.8万人次，连续3年增幅都位居全国前列。同年，云南基础设施建设投资达到5564亿元；沪昆客专、云桂铁路、昆玉扩能正式通车；大瑞、玉磨、大临、叙毕等铁路建设加快推进；呈贡至红塔、大理至丽江城际高铁试验段实现开工；渝昆高铁

---

① 数据来源于广西区通信管理局发布广西互联网发展报告（2016年度），2017-05-26，http：//www.gxca.gov.cn/61/2017_5_26/61_11107_1495791521699.html。

② 数据来源于内蒙古自治区发展改革委员会：《内蒙古自治区2016年经济形势分析》。

③ 2016年交通铁路相关数据及资料来源于2016年各省区统计公报以及2017年各省区政府工作报告。

前期工作有序推进；新开通铁路706公里，是前5年的1.5倍，16个重大项目纳入国家中长期铁路网规划。此外，呼张客专内蒙古段全线铺轨，通辽、赤峰至京沈客专连接线开工建设。贵州贵阳至广西南宁高速铁路开工。宁夏中卫至兰州高铁具备开工条件。银川至西安高铁全线开工。

高铁网络的快速引进为民族地区旅游业发展注入新活力。2016年，民族地区旅游业收入再上新台阶。[①] 内蒙古全年接待国内外游客接近1亿人次，其中国内游客达到9805.3万人次，同比增长15.2%；旅游业总收入2714.7亿元，同比增长20.3%。贵州率先开展旅游资源大普查，全年接待游客人次、旅游总收入同比分别增长41.2%和43.1%，其中入黔游客增长50%，入境游客突破100万人次。西藏的旅游文化发展势头强劲，全年接待国内外游客突破230万人次，旅游总收入达到30亿元。新疆自驾游等20类旅游新业态取得新进展，全年共接待国内外游客8102万人次，同比增长24.3%，旅游总消费1401亿元，同比增长24.6%，其中，接待国内游客7901万人次，同比增长24.5%，国内游客总消费1340亿元，同比增长24.8%，接待入境游客201万人次，同比增长19.6%，入境游客总消费9.01亿美元，同比增长23.4%。

（五）服务贸易出台多项政策支持，服务业政策环境逐步向好

为提高服务贸易的国际竞争力，国务院于2015年1月发布了《国务院关于加快发展服务贸易的若干意见》（国发〔2015〕8号）。民族地区全面贯彻落实中央政策精神，相继推出了促进服务贸易发展的政策措施，宁夏2016年1月发布了《宁夏回族自治区人民政府办公厅关于加快发展服务贸易的实施意见》（宁政办发

① 2016年旅游服务业相关数据资料来源于2017年各省区政府工作报告。

〔2015〕168号），广西2016年12月发布了《广西壮族自治区人民政府关于印发加快发展服务贸易实施方案的通知》（桂政发〔2016〕67号）。这些政策举措为民族地区服务贸易的发展创造了良好的环境，加快了服务贸易的自由化和便利化进程。

同时，民族地区政府积极响应中央的产业结构调整政策，将服务业纳入政策优先领域，以提升发展规模和效率为核心，以深化改革和扩大开放为动力，对带动服务业健康发展起到了有力的支撑作用。通过落实“营改增”试点、免征部分小微企业增值税和营业税，为服务业企业减轻税负；全面实施注册资本登记制度，对服务行业的促进作用显著。广西狠抓服务业百项重点工程和现代服务业集聚区建设，千方百计通过优化供给来促进消费；举办“壮族三月三”国际电商节等系列活动；新增国家全域旅游示范区创建单位19家、全国旅游标准化示范县1个、广西特色旅游名县7个、4A级景区17处。西藏大力倡导发展“幸福产业”，通过加强消费基础设施建设、畅通流通网络、强化消费者权益保护以及不断优化消费市场环境，多措并举以激发旅游、文化、体育、健康、养老五大产业的活力。

二、民族地区服务业发展中存在的主要问题

尽管2016年民族地区服务业总体规模有了较快的扩大，国家及民族地区对服务业相关资金投入与政策支持不断增强，民族地区服务业取得了相对较快的发展，但由于历史原因，民族地区服务业还面临总体规模较小、服务业劳动生产率较低、服务贸易发展滞后以及服务业检测体系不够完善等问题。

（一）服务业总体发展落后，后发优势尚未显现

从民族地区服务业增长速度及服务业增加值排名来看，民族地

区服务业发展整体落后，后发优势尚未显现。相关数据见表 3 和表 4。[①]

表 3　2015—2016 年民族地区和东中西部地区服务业发展情况统计表[②]

地区	2015 年服务业增加值（亿元）	2016 年服务业增加值（亿元）	增速（%）
东部地区	189547.0	213759.6	12.8
中部地区	62302.2	70255.9	12.8
西部地区	62920.8	69911.7	11.1
民族地区	31689.4	34812.6	9.9

资料来源：由国家统计局及各省区统计公报整理计算得出。

表 4　2016 年民族地区各省区服务业增加值及全国排名统计表

地区	2016 年服务业增加值（亿元）	2016 年服务业增加值排名（位）	地区	2016 年服务业增加值（亿元）	2016 年服务业增加值排名（位）
内蒙古	7925.1	19	西藏	615.2	31
广西	7226.6	22	青海	1101.3	30
贵州	5251.2	25	宁夏	1434.6	29
云南	6875.6	23	新疆	4383.0	26

资料来源：2016 年服务业增加值排名根据各省区统计公报数据整理计算得出。

---

① 东部、中部、西部地区划分方法来自国家统计局。东部包括北京、天津、河北、上海、江苏、浙江、福建、山东、广东和海南；中部包括山西、安徽、江西、河南、湖北和湖南；西部包括内蒙古、广西、重庆、四川、贵州、云南、西藏、陕西、甘肃、青海、宁夏和新疆。

② 根据国家经济区域划分标准，东部地区数据不包括黑龙江、吉林、辽宁的数据。

如表3数据显示，2016年民族地区服务业增加值同比增长了3123.5亿元，增速为9.9%，不仅低于东部、中部地区2.9个百分点，也低于西部地区的平均水平。还可以根据表1数据计算出民族地区服务业增加值占全国服务业增加值比重为9.1%，相比前3年都略有下降。①

表4数据显示的是2016年民族地区服务业增加值及全国排名情况。表中数据显示，民族地区服务业增加值在全国排名整体落后，西藏、青海、宁夏位列全国最后3名，且增加值最高的内蒙古仅位列19名。另外，计算民族地区2016年服务业增加值与同年排名第一的广东省服务业增加值的比重，发现从高到低的排列为内蒙古、广西、云南、贵州、新疆、宁夏、青海、西藏，比重依次为19.1%、17.4%、16.6%、12.7%、10.6%、3.5%、2.7%和1.5%，占比非常低。②

以上数据都说明，民族地区服务业整体发展水平仍然落后，后发优势尚未显现。主要原因是民族地区服务业发展仍以传统服务业的规模扩张为主，技术和产业层次低。近年来，民族地区虽然努力进行产业转型升级发展现代服务业，但受到经济总量、资本投资规模以及发展阶段差距等因素限制，服务业转型升级远未完成，发展潜力远没有充分发挥。③

（二）服务贸易发展滞后，服务产业基础有待加强

当前世界已经进入服务贸易时代，服务贸易也渐渐成为拉动经济增长的主动力。近年来，随着民族地区经济的快速发展，民族地

---

① 2013年至2015年，民族地区服务业增加值占全国地区服务业增加值的比重依次为：9.2%、9.5%、9.3%。

② 2016年广东服务业增加值为41446.0亿元，排名全国第一。

③ 任志军：《西部民族地区服务业发展研究》，载《云南民族大学学报》（哲学社会科学版），2014，31（4），61~66页。

区服务贸易也出现了一定程度的发展势头，主要体现为进出口服务贸易额加速增长，旅游、其他商业服务和运输服务进出口优势较为明显。同时，由于受服务业发展水平、企业和品牌、人才以及服务贸易制度建设等多重因素的制约，民族地区服务贸易面临发展体量小、竞争力弱以及区域发展不平衡等问题①。

表5　2016年民族地区服务业企业全国500强统计信息表

省份	500强企业数量（个）	营业收入（亿元）	收入占全国比重（%）
内蒙古	1	59.1	0.02
广西	17	2542.8	0.94
贵州	0	0	0
云南	3	556.2	0.21
西藏	0	0	0
青海	2	89.5	0.03
宁夏	2	141.4	0.05
新疆	6	1376.8	0.51
民族地区	31	4765.8	1.76
全国	500	271039.8	100

注：（1）数据根据《中国500强企业发展报告2016》中“中国2016年服务业企业500强各地区企业分布统计”相关数据计算获得。（2）为更精确反映营业收入占全国比重情况，本部分保留两位小数。（3）2016年内蒙古和青海服务业企业全国500强营业收入占全国比重分别为0.02%和0.03%，四舍五入后变为0。

表5数据显示，2016年全国服务业企业500强中，民族地区有31家，总营业收入为4765.8亿元，仅占全国服务业500强企业总

① 黄毅：《我国西部民族地区服务贸易竞争力研究》，载《国际商务：对外经济贸易大学学报》，2017（1），75~87页。

营业收入的1.8%。而且，31家全国500强服务业企业在民族地区省区分布极不均衡。广西有17家，从企业数量和营业收入占比来看，都超过整个民族地区总数的一半；新疆6家、云南3家，虽然总数不多，但两者营业收入占比之和超过三分之一；青海、宁夏、内蒙古总共5家，但营业收入占比极低；贵州和西藏则没有一家服务业企业入选国家服务业企业500强。以上数据表明，民族地区服务业企业发展水平整体落后，服务产业基础条件有待提升。

（三）服务业统计监测体系不够完善，质量管理水平亟待提升

电子商务、现代金融、现代物流等新兴先导型服务业相继出现，原有的监测服务体系已不能完全监测服务业运行的具体现状。首先，当前民族地区对于服务业统计的基础还比较薄弱，相关机构及人员设置不够完善。其次，民族地区服务业统计公布数据较为缓慢，覆盖面较低，易导致信息不对称风险，相关统计资料亦不能满足各级政府宏观调控、制定行业规划和行业监管的需要。再者，统计范围、统计口径和统计标准不够规范，部分属于服务业的数据列入农业、工业中，特别是新型服务业在统计分类中不能准确归类，造成交叉统计和疏漏，这势必导致服务业数据失真。最后，受服务业行业多元化和调查对象繁杂等因素影响，极易造成地方统计部门统计相关服务业指标时存在一定的偏差。尽管民族地区各省区政府相继出台了一些关于完善服务业统计工作的通知，例如贵州省人民政府办公厅发布的《关于加强和完善服务业统计工作的实施意见》（黔府办发〔2013〕52号）、新疆维吾尔自治区人民政府发布的《关于加强服务业统计工作的通知》（新政发〔2014〕9号）、内蒙古统计局发布的《自治区统计局关于进一步加强统计工作提高数据质量的通知》（内统字〔2016〕46号）等，受经费和统计人才等因素限制，民族地区服务业统计监测体系仍亟待健全。

另一方面，民族地区服务业起步较晚，企业规模小，知名企业少，在服务过程中往往难以及时适应消费者不断提出的新要求，服务质量的提升面临时间滞后和高资金成本的瓶颈。民族地区服务业质量管理水平提升还存在着短板，缺乏服务质量提升理念，缺少相关服务管理人才，缺少完善的内部质量控制标准、服务流程体系和质量监督部门。此外，金融、物流、专业服务、互联网等新兴服务业不断蓬勃发展，各民族地区还缺少针对性的质量管理标准和监管体制改革。而民族地区服务价格偏高且服务质量偏差的现象，则进一步降低了服务业的利润和市场竞争力。

三、民族地区服务业发展展望与建议

2017 年民族地区服务业的发展同时存在有利因素和不利因素。从有利因素来看，一是 2017 年是供给侧结构性改革的深化之年，深入推进“三去一降一补”，有利于扩大生产性服务的市场需求、防止房地产业增长大起大落、增强金融业的融资服务能力，因而总体有利于服务业发展。二是振兴实体经济对服务业发展既是利好也是要求。振兴实体经济有利于具有生产率优势的服务行业发展壮大，成为经济增长的新动能；同时，振兴实体经济要求加快完善金融市场制度建设，创新金融工具，建立房地产基础性制度和长效机制，避免服务业的自我循环和膨胀。三是积极有效的财政政策将促进相关服务业发展。2017 年，国家将继续实施减税降费政策，落实并完善“营改增”试点以及众创空间等税收优惠政策，健全普惠金融政策的正向激励机制，这些都将有利于相关服务业的稳步发展。从不利因素看，全球经济依旧疲弱，国内经济尚处于结构转型升级阶段，再加上今年美联储加息进程有望延续，特别是特朗普削减企业所得税并对迁回海外利润的美国企业降低税率，这可能会加剧人民币贬值压力，引起国内资金外流，一定程度上影响我国服务业招商引资的规模和贸易额。

我国服务业发展“十三五”规划明确，到2020年，服务业增加值占GDP比重上升到55%以上。另外，对服务业就业人数占全社会就业人数的比重、生产性服务业增加值占GDP比重、服务进出口总额等项目也都提出了详细的要求。从民族地区服务业发展的现有水平来看，要想实现以上目标，民族地区服务业还需要提量增质，以更快、更好地发展。综合前面所提及的问题，本文给出以下几点建议。

（一）扎实推进供给侧改革，提高服务业供给质量

整体上看，2016年我国民族地区的服务业发展水平还严重滞后于国内其他地区，服务业有效供给对经济转型升级的支撑作用不够。尤其是生产性服务业水平严重偏低，无法为民族地区第一、第二产业的发展起到带动作用，这成为了新常态背景下民族地区产业结构调整升级的重大难题。产业结构调整升级成为民族地区经济结构转型发展的必然选择。因此，民族地区可以利用其独特的地理优势，积极承接东部地区的制造业转移，并立足于自身资源禀赋，发挥比较优势，实现后发优势，确定自身服务业发展战略；要强化科技创新支撑作用，大力发展现代服务业，着力发展现代物流业，完善城乡一体化配送体系；加快发展商贸服务和电子商务，推动生产性服务业向专业化和价值链高端延伸、生活性服务业向精细化和高品质转变；同时，要增加公共产品和公共服务供给，积极发展教育、医疗等生活性服务业领域的服务供给；要拓宽金融有效供给渠道，针对实体企业面临的“融资难、融资贵”问题，从供给侧入手，着力拓宽融资通道，为企业营造良好的融资环境。旅游服务业要充分发挥民族地区独特的自然资源禀赋，紧盯大消费需求，整合文化旅游资源，完善旅游设施配套，开发精品线路，丰富产品供给，提高旅游服务业的质量和水平。

（二）积极推进“互联网+”行动计划，大力发展流通服务业

流通服务业是民族地区具有比较优势的生产性服务业。而且，民族地区的地理环境、资源禀赋及其在国家对外开放中的战略地位也要求民族地区大力发展流通服务业。因此，一方面，民族地区需要继续大力推进流通渠道基础设施建设，包括持续加大交通基础设施建设力度，发展物流基地、物流中心和配送中心等物流基础设施，优化物流业的区域布局，打造国际空港物流基地、边境口岸物流基地、铁路集装箱等物流基地。同时，通过推进连锁超市和物流配送向农村延伸，增加农村地区批发零售网点，进一步开拓农村市场。并且，通过深化改革，促进各单位将内部运输、采购、仓储等非核心的服务经济活动外包给专业的生产性服务业企业，大力推进流通服务业外包发展。另一方面，民族地区也要积极推进“互联网+”行动计划，通过充分运用大数据、移动互联网、云计算等信息技术和手段改造交通运输、仓储、邮政、批发和零售业等传统流通服务业，提高其现代化水平。

（三）以“一带一路”倡议为契机，促进服务贸易发展

面对国际环境新变化和国内发展新要求，民族地区要紧紧抓住“一带一路”深入推进的契机，加快构建开放型经济新体制，推动民族地区服务贸易创新发展。充分发挥沿边优势，将国家的重大项目与民族地区的基础项目密切结合起来，加强对外贸易发展中各项决策的部署，严格制定规划，高效率提升对外开放水平；要推进入境旅游签证、通关便利化，完善入境旅游公共服务和商业接待体系，打造以旅游服务贸易为竞争突破口的服务贸易发展格局，深层次推进民族地区产业结构的优化升级；要积极参与多边、区域服务

贸易谈判和全球服务贸易规则制定，深入分析国际国内市场，加快与“一带一路”沿线国家、相邻国家和重点市场建立自由贸易区的谈判；要加强综合保税区建设和沿海、沿边地区通关一体化合作；不断推进跨境电商建设，深化国际产能合作，鼓励更多的民族企业“走出去”。

（四）加快健全服务业统计监测体系，完善服务业质量管理水平

健全服务业统计监测体系是加快服务业转型升级的重要保障措施。民族地区一要高度重视服务业统计监测工作，在人力、物力、财力等方面加大对服务业统计工作的支持力度；二要建立服务业统计监测指标体系，完善服务业行业统计制度，增强政府统计与部门统计的合作意识，在确保调查数据的真实、准确、完整的前提下积极沟通协调，以便及时发现服务业发展中的新情况、新问题、新趋势，有针对性地开展调查研究，按季度形成服务业分析报告；三要改进现行服务业增加值的基础数据采集方法等，采取经常性常规统计，探索建立服务消费统计标准和指标体系，加大统计信息量，密切关注服务业统计监测指标的新变化和新特点；四要切实采取措施促进市场公平竞争，加快完善全方位的消费者权益保护机制，鼓励服务业企业加强特色品牌建设，推广企业服务标准自我声明公开和监督制度，提高服务业质量管理水平。

第三篇　地区报告

2016年内蒙古自治区经济运行情况

2016年，内蒙古全面贯彻落实中央各项决策部署，坚持稳中求进的工作总基调，牢固树立创新、协调、绿色、开放、共享的发展理念，主动适应经济发展新常态，着力加强供给侧结构性改革，积极培育和扩大有效需求，经济运行总体平稳、稳中有进、稳中提质。

一、主要指标增速保持平稳

2016年，内蒙古实现地区生产总值18632.6亿元，同比增长7.2%，高于全国平均水平0.5个百分点；规模以上工业增加值同比增长7.2%，高于全国平均水平1.2个百分点；500万元以上项目完成固定资产投资15283.4亿元，同比增长12%，高于全国平均水平3.9个百分点；社会消费品零售总额6700.8亿元，同比增长9.7%，与全国平均水平的差距从上年的2.7个百分点缩小到0.7个百分点；一般公共预算收入2016.5亿元，同比增长2.6%，剔除“营改增”等减税降费政策性因素影响，同口径增长7%。截至12月底，金融机构人民币存款余额2.12万亿元，同比增长17.1%，增速较上年提升6.1个百分点；金融机构人民币贷款余额1.94万亿元，同比增长13%。

二、产业转型升级步伐加快

农牧业生产稳中调优。玉米播种面积减少，经济作物和饲料作物播种面积进一步扩大，粮饲兼用玉米增加320万亩，全年粮食产量556亿斤。畜牧业稳定发展，牧业年度牲畜存栏达到1.36亿头（只）。工业经济平稳运行。分行业看，41个工业行业中31个规模以上工业增加值实现同比增长，其中，有色工业和汽车制造业工业增长较快，增速分别达到14.8%和13.4%；煤炭、电力和化工3个行业占规模以上工业增加值比重41.6%，较上年回落1.1个百分点。分产品产量看，单晶硅、多晶硅、铝材、铁合金产品产量增长较快，增速分别达到22.5%、15.5%、48.4%和13.7%。服务业增速稳步回升。第三产业增加值同比增长8.3%，继续高于第二产业增加值增长率。快递、金融、旅游等行业快速发展，快递业务量和业务收入同比分别增长56.6%和50.4%，保险业原保险保费收入同比增长23.1%，旅游业总收入同比增长20.3%。新经济持续快速增长。新产业加快发展，风力发电量同比增长13.8%，光伏发电量同比增长46.6%，稀土新材料产值同比增长27.7%。新业态快速成长，电子商务交易十分活跃，内蒙古煤炭电子交易中心交易量和交易额同比分别增长57.6%和89.9%，包头稀土产品交易所交易量和交易额同比分别增长154.9%和468.5%。新主体不断增加，全年新登记市场主体36.7万户，同比增长8.3%；注册资本6566.4亿元，同比增长73.6%。

三、经济增长质量明显提高

工业企业效益大幅增长。规模以上工业企业实现利润总额1242.1亿元，同比增长31%，增速较上年提升54.8个百分点，高于全国平均水平 24.3 个百分点。煤炭企业利润增速由降转升，钢铁企业扭亏为盈，有色金属企业利润实现较大幅度增长。停产半停产企业从年初的 814 户减少到 386 户，亏损额同比下降 17.2%。生态环境有所好转。节能减排效果明显，单位生产总值能耗同比下降 4.1%，主要污染物减排达到国家要求。重点生态工程加快建设，完成营造林建设面积 1511 万亩、种草 3484 万亩、水土流失治理面积 929 万亩。

四、供给侧结构性改革取得积极进展

去产能方面，关闭煤矿 10 处，淘汰产能 330 万吨，已完成全年任务；退出钢铁产能 291.25 万吨，完成全年任务的 114%。去库存方面，通过提高棚户区货币化安置、开展农牧民“安居贷”工程等措施，鼓励支持居民购房。2016 年，商品房销售面积和销售额同比分别增长 6.7% 和 9.2%，较上年分别提升 10.3 个百分点和 10.4 个百分点。商品房可售面积同比下降 13.9%。去杠杆方面，引导规范各类融资行为，优化信贷结构，扩大直接融资规模，积极化解各类债务风险。2016 年全年新增贷款 2220 亿元，企业直接融资 1280 亿元，新增新三板企业 35 家。金融机构人民币贷款加权平均利率 6.77%，不良贷款率 3.81%，较上年分别回落 0.11 个和 0.55 个百分点。降成本方面，严格落实国家各项收费清理政策，切实减轻企业负担。规模以上工业企业每百元主营业务收入成本 83.53 元，较年初降低 1.4 元，比全国平均水平低 1.99 元。补短板方面，制定出台补短板实施方案，启动实施 9 大类专项 45 项工程，加强薄弱环节建设。基础设施投资完成 6234.4 亿元，同比增长 31.3%，高于全国平均水平 13.9 个百分点。各级财政民生支出 2979 亿元，占一般公共预算支出的比重达到 65.8%。

五、人民生活持续改善

就业形势保持稳定。城镇新增就业 26.8 万人，城镇登记失业率 3.65%。创业扶持力度加大，累计完成创业培训 5.4 万人，培训后创业成功 4.5 万人，创业带动就业 15.7 万人。社会保障水平稳步提高。城乡居民医保财政补助标准提高 40 元，退休人员基本养老金人均每月提高约 171 元，城乡居民低保标准每月人均提高 45 元和 62 元。重点民生工程扎实推进。脱贫攻坚力度加大，全年减贫 24.1 万人，实现 12 个以上自治区级贫困旗县摘帽，超额完成年度目标任务。保障性安居工程建设加快，棚户区改造开工 23.5 万套，开工率 106.2%；农村牧区危房改造开工 32.5 万户，开工率 162.7%。总体上看，内蒙古经济运行态势平稳，但也存在一些困难和问题。一是经济下行压力仍然较大。受市场需求不足和产能过剩影响，能源、化工等传统产业增长放缓。虽然新兴产业增长较快，但体量还比较小，支撑经济增长的作用还不足。2016 年地区生产总值、规模以上工业增加值增速较上年分别回落 0.5 个百分点和 1.4 个百分点。二是工业投资和民间投资下降。2016 年，工业投资完成 6425.6 亿元，同比下降 0.4%，占固定资产投资比重同比下降 5.2%；民间投资完成 6883.6 亿元，同比下降 6.5%，低于全国平均水平 9.7 个百分点。三是财政收支矛盾突出。税收增长持续减缓，2016 年，税收收入同比增长 1.1%，较上年回落 4.5 个百分点，非税收入占比较高，达到 33.8%，财政增收难度较大。同时，刚性支出继续增加，一般公共预算支出同比增长 6.4%，高于收入增速 3.8 个百分点，收支平衡难度较大。四是居民增收难度加大。2016 年，城乡居民人均可支配收入同比分别增长 7.8%、7.7%，比上年分别回落 0.1 个和 0.3 个百分点。农牧民收入增速放缓，主要是受上年农畜产品价格下降的影响。2016 年，主产地小麦、玉米、大豆三种粮食混合平均收购价格同比下降10.8%，羊肉、牛肉价格同比分别下降4.7%和1.2%，牛奶收购价格同比下降2.9%。

2016 年广西壮族自治区经济运行情况

2016 年以来，面对错综复杂的国内外形势，广西坚决贯彻党中央、国务院决策部署，坚持稳中求进工作总基调，以推进供给侧结构性改革为主线，全力稳增长、促改革、调结构、惠民生、防风险，努力克服困难和挑战，经济社会发展呈现总体平稳、缓中趋稳、稳中向好态势，实现了“十三五”良好开局。

2016 年，广西地区生产总值增长 7.3%，运行态势平稳。财政收入同比增长 5.2%；规模以上工业增加值同比增长 7.5%；固定资产投资同比增长 12.8%；社会消费品零售总额同比增长 10.7%；节能减排目标全面完成；城镇登记失业率 2.9%；城镇新增就业 41.87 万人；居民消费价格指数涨幅 1.6%；人口自然增长率 7.87‰；居民人均可支配收入实际同比增长 6.8%，其中城镇、农村居民收入同比分别增长 5.5% 和 7.6%；农村贫困人口减少 120 万人。广西经济社会发展呈现以下积极特点。

一、产业转型升级迈出新步伐

一是工业企稳回升势头初显。2016 年广西全部工业增加值 6764.13 亿元，按可比价格计算，同比增长 7.3%，其中规模以上工业增加值同比增长 7.5%。在规模以上工业中，分轻重工业看，轻工业增加值同比增长 3.8%，重工业增加值同比增长 9.1%。分行业看，40个大类工业行业中，有36个行业增加值比上年增长，占行业面的90%。二是新兴产业和服务业快速发展。新能源汽车、石墨烯、北斗导航等高新技术产业培育取得重要成果，柳州上汽通用五菱、贵港华奥等企业自主研发的纯电动汽车成功下线，三维石墨烯中试基地建成试产，北斗地基增强系统试运行实现高精度定位全覆盖，南宁·中关村双创示范基地正式运营，广西被列为国家军民融合综合评估首批试点。第三产业增加值同比增长8.6%，对经济增长的贡献率达45.8%，物联网、移动支付、分享经济、咨询设计、健康养老等现代服务业迅猛发展。三是农业生产形势稳定。广西累计创建959个现代特色农业示范区，新建100万亩“双高”糖料蔗基地，粮食总产量稳定在300亿斤以上。优势农产品产量稳中有升，其中蔬菜产量增长5.2%，水果产量增长11.5%，水产品产量增长5%，肉类产量达402.8万吨。

二、体制机制创新激发新活力

一是供给体系质量和效率提高。去产能方面，累计压减钢铁产能205万吨、煤炭产能236万吨；去库存方面，商品房可售面积减少850万平方米，库存消化周期缩短至12.6个月；去杠杆方面，规模以上工业企业资产负债率较上年回落0.4个百分点，金融机构平均贷款利率下降89个基点，实体经济杠杆总体低于全国平均水平；降成本方面，出台实施“41条”措施，为企业减负约300亿元；补短板方面，筹措财政资金187.8亿元支持脱贫攻坚战，安排资金180亿元以上支持基础设施建设攻坚战，拨付资金685亿元实施为民办实事工程。二是重点改革任务较好完成。基本完成280项改革任务。取消、下放、调整700项行政审批事项，清理规范中介服务事项193项，公布全区行政许可事项目录。商事制度改革成效显著，新增市场主体43.8万户，创造就业岗位超过170万。电力体制改革综合试点获国家批复，电力交易中心挂牌运行。跨境人民币结算量稳居西部12省区和边境9省区首位，实现“农金村办”乡镇点全覆盖。城市公立医院综合改革试点扩大到5个市56所医院，基本实现城镇居民医疗保险异地就医直接结算。其他改革均有新进展。三是自主创新能力提升。实施1500项科技创新项目，在智能准工业级3D打印机、造纸和发酵典型废水处理、柴油机降噪、速食袋装技术、粉垄深旋耕农业新技术等领域取得一批重要研发成果。广西被列为国家首批特色型知识产权强区建设试点，发明专利授权量增长近30%。新设立贺州、百色两个高新区，新增1家国家重点实验室、18家自治区重点实验室及培育基地、3家国家技术创新示范企业，已有各类创新平台694家、企业技术中心363家、国家级高新技术企业830家。

三、投资消费增长孕育新动能

一是政府和社会投资良性互动。争取中央预算内投资70个批次，金额121.3亿元，超额完成年度任务；申请国家专项建设基金项目309个，金额340.63亿元，比上年增加近1倍。新增发行政府债券326.8亿元；发行企业债券9支，金额108.7亿元。向社会发布引入民间资本项目728项，总规模4900亿元。二是投资结构进一步优化。其中，交通、电信基础设施投资同比分别增长17.6%、16%；教育、卫生投资同比分别增长22%、28.3%；农业投资增长34.6%。三是项目管理能力持续提升。广西投资项目在线审批监管平台建成运营，“一站式”网上审批逐步推开。建立PPP项目库共收纳项目436个，正式进入实质性运作的项目超过110个。依托国家重大建设项目库储备项目1.37万个，纳入三年滚动投资计划项目8746个。四是消费市场持续活跃。汽车零售额同比增长13.9%，商品房销售面积同比增长19.6%，住宿、餐饮、娱乐等传统消费更加符合大众需求，计算机、数字媒体、移动智能终端等新产品持续热销，电商、旅游、体育、健康等新兴消费快速增长。

四、生态文明建设展现新亮点

一是生态文明制度建设不断完善。重点生态功能区监管制度正式建立，16 个国家级重点生态功能区公布产业准入负面清单。完成生态保护红线划定，桂林市、马山县被列为国家第二批生态文明先行示范区。广西被列为全国空间规划试点 9 省区之一。二是节能减排降碳继续加力。新淘汰落后产能炼钢 42 万吨、铁合金 2.22 万吨、水泥 30 万吨、铅冶炼 4 万吨、制革 10 万标张、平板玻璃 180 万重量箱。整治、淘汰燃煤小锅炉 349 台，完成国Ⅴ标准成品油质量升级任务。建成城镇污水处理设施 116 座、生活垃圾处理场 85 座，整治污水直排口 95 个。广西被国家“十二五”降碳考核评估为“优秀”。三是生态建设和环境保护加强。实施 492 项生态经济重大项目，新植树造林 366 万亩，新增水土流失综合治理 17 万公顷。空气质量优良天数比例达 93.5%；51 条主要河流断面Ⅰ—Ⅲ类水质达 94.8%；近岸海域水质优良率达 95.4%。四是“美丽广西·生态乡村”建设任务全面完成。累计完成 1 万个自治区级示范村屯和 12.5 万个一般村屯绿化；解决 381 万农村人口饮水安全问题，农村自来水普及率达 75%；具备通车条件的行政村客运通达率达 85%。

五、对外开放合作赢得新空间

一是开放机制与平台持续完善。广西开放发展大会暨招商引资工作会议成功召开，广西参与建设“一带一路”思路与行动正式印发，“四维支撑、四沿联动”开放新格局加快构建。第13届中国—东盟博览会、中国—东盟商务与投资峰会成功举办，凭祥重点开发开放试验区获国家批准设立，我国首个边贸国检试验区在凭祥成立，中国·印尼经贸合作区被确认为国家级境外经贸合作区，防城港成为国家构建开放型经济新体制试点城市，南宁综合保税区一期通过国家验收。二是对外经贸联系更加紧密。广西与东盟双边贸易额占贸易总额比重接近60%，加工贸易额占进出口比重提升0.2个百分点。争取到国外优惠贷款16.2亿美元，获准发行企业外债13亿美元，核准境外投资项目54个；对外实际投资额增长150%以上。三是互联互通水平提升。靖西至龙邦等跨境高速公路加快建设，中越北仑河二桥完成桥面附属设施建设，峒中—横模大桥正式启动施工，新开通国际道路运输线路14条。北部湾港已与7个东盟国家的47个港口建立海上运输往来、开通定期集装箱外贸班轮航线29条。水口公路口岸扩大开放获国家批准，凭祥成为我国最大的东盟水果进口口岸。四是国内合作和招商引资成果丰硕。20项重大精准招商活动深入开展，引进到位资金6300亿元以上。与泛珠三角、中南西南、港澳台合作进一步深化，粤桂黔高铁经济带合作试验区（广西园）及一批跨省合作园区加快建设，广西成为全国CEPA先行先试的3个试点省区之一。

六、区域城乡统筹取得新实效

一是区域发展协调性增强。北部湾经济区主要指标增速保持高于全区水平，北部湾城市群成为国家重点发展城市群，经济区同城化取得新进展。西江经济带基础设施大会战完成投资700亿元以上，珠江—西江产业投资基金成功设立。左右江革命老区振兴规划全面实施，老区重大工程三年行动计划实施的141项项目中已有51项建成投产。桂林国际旅游胜地加快建设，全市旅游总人数突破

5000 万人次，旅游总消费超过 600 亿元。二是新型城镇化迈出新步伐。常住人口城镇化率达 48.08%。20 个新型城镇化示范县和百镇建设示范工程扎实推进，4 个镇入选全国首批特色小镇。三是农村生产生活条件显著改善。实施一批农田水利、道路交通、供水供电、能源、通讯、环境综合整治等基础设施项目，建成 20 户以上自然村屯道路 2 万多公里，新增农村电力装机 9.7 万千瓦，改善灌溉面积 630 万亩。

七、人民生活水平实现新改善

一是民生领域支出增加。广西财政民生领域支出 3529.4 亿元，占一般公共预算支出比重达 78.9%。二是就业工作不断加强。城镇失业人员实现再就业 8.95 万人；新增农村劳动力转移就业 63.75 万人次；高校毕业生就业率达 92.3%。三是脱贫摘帽任务全面完成。实现 1000 个贫困村出列和 8 个贫困县摘帽；易地扶贫搬迁 412 个安置房项目全部开工，搬迁入住 12.2 万人。四是保障体系持续完善。城镇、农村居民享受最低生活保障人数分别达 30 万人、285 万人，城乡居民基本养老保险参保人数达 1762 万人，三项基本医疗保险参保率稳定在 97% 以上。五是社会事业全面发展。新建学校 222 所，改扩建学校 3419 所，义务教育巩固率达 93.2%，高等教育毛入学率达 33%。人均基本公共卫生服务经费标准提高至 45 元，妇幼健康主要指标优于全国平均水平。广西所有公共图书馆、美术馆、文化馆、博物馆、纪念馆、乡镇文化站向群众免费开放。广西列入全国重点文物保护单位达 66 处，左江花山岩画文化景观成功列入世界遗产名录。举办国际级体育赛事 55 项、国家级赛事 59 项。安全生产形势稳定。食品药品安全形势良好。

总的来看，2016 年在错综复杂的形势下，广西经济社会发展取得上述好成绩来之不易。同时，也必须清醒地认识到，当今世界经济仍处于深度调整、曲折复苏阶段，国内经济运行中内生动力不足等深层次矛盾突出，广西发展中也面临不少突出困难和问题，主要体现为：一是经济趋势性下行压力较大。在全国“三期叠加”大环境下，广西经济增速自“十二五”以来持续下滑，正处在中长期“L”型走势的拐点处，全面企稳回升的基础还不牢固。二是实体经济发展困难凸显。传统资源型产业“二次创业”制约因素较多，企业综合成本仍然偏高，企业、行业、地区走势分化明显；新兴产业份额占经济总量比重偏低，对经济增长的支撑力不足，新旧动能有效转换还需要一个较长过程。三是有效需求增长乏力。主要领域投资增速下滑，其中工业投资增速0.2%，较上年回落13.9个百分点，制造业投资同比下降1.2%，为2002年以来首次负增长；民间投资增长乏力，增速回落8.6个百分点，一些新兴消费模式对传统消费格局造成冲击，其中电商消费快速增长但也较多挤出实体店消费。四是稳岗就业压力不小。就业形势总体稳定，但结构性失业和隐性失业问题突出，特别是在去产能和处置“僵尸企业”过程中面临较大的职工转岗安置压力。此外，广西一些长期积累的深层次矛盾持续显现，部分领域潜在风险仍在积聚，对上述困难和问题，要在今后工作中认真采取措施加以解决。

2016年重庆市民族地区经济运行情况

2016年，重庆民族地区深入贯彻五大发展理念，主动适应经济新常态，着力推进供给侧结构性改革，积极克服持续加大的经济下行压力，全年保持了稳定的发展态势。

一、整体经济保持稳定，各地区经济协调发展

2016年重庆民族地区实现地区生产总值815.23亿元，同比增长10.2%，增速较上年提升0.1个百分点，保持稳定发展。分产业看，第一产业增加值121.54亿元，同比增长5.3%；第二产业增加值361.95亿元，同比增长11.9%；第三产业增加值331.74亿元，同比增长10.2%。分地区看，各地经济实现均衡协调发展，各地增速之间的差额控制在0.5%内，发展最快的为石柱，增速为10.5%，黔江稍慢，增速为10%。

二、工业经济实现较快发展，各地工业发展差距大

在大唐电站、乌电等重点企业的支撑下，重庆民族地区工业经济实现较快发展。2016年，全部工业增加值264.69亿元，同比增长10.6%，高于全市平均水平0.4个百分点，较上年提升0.6个百分点。分地区看，增速最快的为彭水，增速为13.5%，黔江受烟厂

影响，增速排位在重庆民族地区靠后，增速为9%，地区间工业经济发展差距明显。

三、投资快速发展，房地产开发投资增长较快

随着当地工业经济、房地产业逐步回暖，投资也得到快速发展。2016年，重庆民族地区固定资产投资实现1016.7亿元，同比增长16.4%，增速较上年提升5.5个百分点，高于全市平均水平4.3个百分点。其中，房地产开发投资增幅最大，民族地区房地产开发投资实现98.4亿元，同比增长21.7%，增速较上年提升20.3个百分点，高于全市平均水平22.4个百分点。

四、消费品市场稳步发展，各地区社零经济实现共同繁荣

随着“互联网+”理念深入人心，各地积极搭建县域电子商务平台，各大企业利用微信支付、支付宝结账、首付优惠等措施刺激消费，消费品市场得到稳步发展。2016年，重庆民族地区实现社会消费品零售总额325.74亿元，同比增长14.2%，增速高于全市平均水平1个百分点。分地区看，各地社零经济实现共同繁荣，5个区县的社零增速都保持在13.9%以上，其中增长最快的为石柱，增速达到14.4%。

2016年四川省民族地区经济运行情况

2016年是“十三五”开局之年，四川民族自治地方深入贯彻党的十八大和十八届五中、六中全会，省委十届八次、九次全会精神，认真落实中央、省各项决策部署和支持民族自治地方经济社会发展的一系列政策措施，主动适应经济新常态，以供给侧结构性改革为主线，千方百计稳增长、促改革、调结构、惠民生、防风险，扎实推动重大政策、重大改革、重大项目落地、落实，努力为实现与全国、全省同步建成小康社会目标奠定良好基础。

一、2016年经济社会运行的基本特点

（一）多项政策优势叠加，经济运行稳中有升

2016年，国务院正式出台《关于进一步支持四川云南甘肃青海省藏区经济社会发展若干政策和重大项目的意见》，四川相继制定印发《关于进一步支持四川省藏区经济社会发展若干政策和重大项目的实施意见》和《关于支持凉山彝族自治州（含小凉山彝区）加快建设小康社会进程的实施意见》。同时，省内外对口支援和东西部扶贫协作工作全面覆盖四川藏区、彝区贫困县。在多项政策优势叠加、有利因素积极带动下，民族自治地方经济运行呈现出“平稳增长、结构调整、质量提升”的发展态势。2016年，实现地区

生产总值2031.7亿元，同比增长6.2%。农牧业稳步发展，实现第一产业增加值406.6亿元，同比增长4.2%；工业生产发展平稳，实现第二产业增加值953.1亿元，同比增长6.9%；服务业发展步伐加快，实现第三产业增加值671.9亿元，同比增长6.4%。三次产业结构调整持续推进，服务业占GDP比重同比提高0.7个百分点。在“项目年”的带动下，投资形势逐渐回暖，全社会固定资产投资突破2000亿元，达到2052.7亿元，同比增长3.1%；实现社会消费品零售总额766.8亿元，同比增长10.9%。质量、效益不断提升，实现地方一般公共预算收入196.1亿元，同比增长9.1%。城镇居民人均可支配收入达到26387元，同比增长8%；农村居民人均可支配收入达到10201元，同比增长10.3%，均高于同期经济增速。

（二）脱贫攻坚精准发力，脱贫解困成效初显

民族自治地方紧紧围绕“两不愁、三保障”和“四个好”目标，坚持“六个精准”，扎实推进“五个一批”扶贫攻坚行动计划，共计减少农村贫困人口15.15万人，贫困发生率降低到13.3%。2016年，民族自治地方69237人建档立卡。贫困人口易地扶贫搬迁工程全部开工，并完成住房建设。农村扶贫公路共计建成约1.34万公里。2万户藏区新居、21250户彝家新寨建设任务全部完工，其中藏区新居建档立卡贫困户8736户。围绕脱贫攻坚统筹推进幸福美丽新村示范县建设，三州建成幸福美丽新村893个，新建农房13965户，改造农房31944户，建成“1+6”村级公共服务活动中心556个。

（三）民生短板加快补齐，社会事业协调发展

民族自治地方统筹实施藏区“六项民生工程计划”和大小凉山彝区“十项扶贫工程”，2016年投入各级资金共计131.9亿元。教

育发展方面，深入实施民族自治地方十五年免费教育、大小凉山彝区“一村一幼”计划等。2016 年共招录“9 +3”免费职业教育学生 8815 人，其中藏区 3213 人、大小凉山彝区 5602 人。民族自治地方适龄儿童入学率达到 98.9%。医疗卫生方面，深入实施民族地区卫生发展十年行动计划，每千人拥有卫生技术人员数达到 4.98 人。累计开展艾滋病检测 63.6 万人次，美沙酮维持治疗 5311 人；完成包虫病病情调查 48.5 万人次，免费药物治疗 14284 人。就业社保方面，城乡基本养老保险参保人数达 337 万人，保障城乡低保对象 102.7 万人（其中城市 14.6 万人、农村 88.1 万人）。重点医疗救助对象政策范围内住院自付费用救助比例在年度救助限额内均达到 70%。文化繁荣方面，大力推进“藏羌彝民族文化走廊”建设，成功举办少数民族艺术节、三州夏秋冬季音乐季活动等。2016 年共计为农村公益放映电影 101908 万场次，695.1 万人次观影。

（四）基础设施集中攻坚，发展条件持续改善

以新一轮“交通大会战”为契机，大力推进民族地区重大基础设施建设。交通建设方面，成兰铁路（四川境内段）、川藏铁路成都（朝阳湖）至雅安段、成昆铁路扩能改造工程峨米段分别累计完成路基土石方总量的 59.5%、58%、6.3%，川藏铁路雅安至康定（新都桥）段已完成可研修编并上报。甘孜机场获批立项，进场公路开工建设。雅安至康定、汶川至马尔康高速公路分别累计完成路基土石方总量的 66%、54%，绵阳至九寨沟（川甘界）高速公路控制性隧道开工建设，国道 317 线雀儿山隧道、省道 303 线映秀至卧龙公路全线贯通。民族自治地方公路通车里程达到 78665 公里，同比增长 7.6%。水利工程方面，凉山州大桥水库一期工程竣工验收；会理大海子、泸定顺河堰、金川崇化水利工程，德昌和平、北川开茂水库加快建设。市政建设方面，2016 年三州保障性住房建设和危旧房棚户区改造开工 25857 套，基本建成 19135 套，竣工

11977 套。民族自治地方城镇化率达到 33.2%。康定灾后重建 392 个项目已完工 287 个，在建 105 个，累计完成投资 32.4 亿元。

（五）大力发展生态经济，环境保护力度加大

民族自治地方坚持绿色发展理念，深入贯彻《中共四川省委关于推进绿色发展，建设美丽四川的决定》，46 个县（市）被确定为国家级重点生态功能区。深入实施川西藏区生态保护与建设工程，川西北生态经济区建设国家生态文明先行示范区步伐加快。认真落实草原生态保护补助奖励政策，实施草畜平衡、牧民生产综合补贴项目。积极开展岩溶地区石漠化综合治理、自然保护区湿地保护等重点生态建设工程，大力实施天然林资源保护二期和新一轮退耕还林还草工程，阿坝州率先启动岷江流域水生态综合治理，民族地区生态环境恶化趋势得到初步扭转。若尔盖国家湿地公园建设加快推进，马边县丹霞地貌省级地质公园启动申报工作。严格执行节能减排政策，推进循环利用和清洁生产。加强环保基础设施和环保能力建设，民族地区已建成 19 县（市）生活污水集中处理设施。

（六）有序开发特色资源，自我发展能力增强

民族自治地方在保护生态环境的前提下科学、有序地开发优势资源，着力培育、壮大新的发展动力。能源开发方面，乌东德、硬梁包、叶巴滩等水电站通过核准开工建设，官帽舟水电站投入试运行。凉山州积极打造风电基地，已建成风电场 3 座。农村电网改造升级工程稳步推进。民族自治地方电力装机总容量达到 4290.9 万千瓦。全域旅游方面，甘孜州成功举办四川山地旅游节，新增杭州、西安、昆明、泸州直飞康定（亚丁）航线。峨边县加快推进黑竹沟国家级生态旅游示范区建设。2016 年，民族自治地方旅游业保持较快增长，实现旅游总收入 749.2 亿元，同比增长 13.9%；接待国内外游客 9445.8 万人次，同比增长 13.5%。园区经济建设方

面，攀西战略资源创新开发试验区启动实施第二批22个重大科技攻关项目，钒钛、稀土、石墨等特色资源的综合开发利用速度加快。省政府研究制定《推进藏区飞地产业园区可持续发展支持政策》，藏区飞地产业园区累计建成规模以上工业企业94户，有望成为藏区工业经济增长主力军。高海拔宇宙线观测站国家重大科技基础设施项目建议书获批，基建勘察工作已启动。

（七）深化对口支援帮扶，区域协作不断强化

民族自治地方紧紧抓住省内外对口支援和东西部扶贫协作重大机遇，深化交流合作，为经济社会发展注入了新的内生动力。省外对口支援方面，广东、浙江省“十三五”对口支援四川藏区经济社会发展规划已经国家发展改革委审核通过，近期即将印发实施，分别拟规划实施项目121个和128个，总投资12.96亿元和10.67亿元，安排对口支援资金10.97亿元和8.53亿元。两省2016年年度对口支援资金19845万元、15445万元全部到位；广东省支援甘孜州66个项目已完工9个，在建23个，完成投资11691万元；浙江省支援阿坝州和木里县76个项目已完工11个，在建31个，完成投资5602万元。东西部扶贫协作方面，按照中共中央办公厅、国务院办公厅《关于进一步加强东西部扶贫协作工作的指导意见》，甘肃省主动对接，已明确广东省佛山市扶贫协作凉山州11个贫困县，浙江省扶贫协作广元市青川县，乐山市金口河区、峨边县、马边县，宜宾市屏山县。凉山州通过资金置换方式加快实施11个贫困县住房建设项目，36个安置点1855户已全部开工、完工455户，完成投资7908万元。省内对口帮扶方面，按照《四川省省内对口帮扶藏区彝区贫困县工作方案》，新一轮省内对口帮扶藏区贫困县规划已完成专家评审，待修改完善后由支援方印发实施。

二、当前发展面临的困难和问题

一是投资增长趋势放缓。由于“十二五”规划项目相继建成，投资红利逐渐释放消退，“十三五”相关行业专项规划未能及时批复，资金来源未能及早明确，一批重大基础设施建设项目新开工不足，部分重大续建项目推进迟缓。同时，受宏观经济影响，社会资本不活跃、民间投资下滑，导致全社会固定资产投资持续低位增长。

二是资源型工业经济结构性矛盾突出。近年来民族自治地方持续扩大的新增装机与四川电力市场供大于求的矛盾逐步突显，导致电力滞销、弃水严重，水电行业拉动乏力。矿产受市场价格持续低迷、有效需求释放不足、企业生产成本增加等因素影响，部分企业产销率低，产值下降，运行困难，对工业经济增长形成较大冲击。

三是服务业低端化特征明显。民族自治地方第三产业发展存在同质化现象，总量不足、规模小，经济效益不明显，今年以来增速持续低于四川省平均水平。限额以上服务业企业数量较少，缺乏龙头企业带动，对经济增长和税收的贡献率相对较低，对贫困户的带动和帮扶作用发挥还不够明显，作为致富产业支撑不够。

2016年贵州省民族地区经济运行情况

2016年，面对复杂严峻的外部环境，贵州省认真贯彻落实中央各项决策部署，牢牢守住发展和生态两条底线，主动适应经济发展新常态，强力推进供给侧结构性改革，强力推进大扶贫、大数据两大战略行动，以开局就是决战、起步就要冲刺的劲头，统筹做好稳增长、促改革、调结构、惠民生、防风险各项工作，贵州经济运行延续了“十二五”时期良好发展势头，实现了良好开局。

一、基本情况

2016年，贵州地区生产总值11734.43亿元，同比增长10.5%，其中，第一产业增加值1846.54亿元，同比增长6.0%；第二产业增加值4636.74亿元，同比增长11.1%；第三产业增加值5251.15亿元，同比增长11.5%。

（一）在宏观环境趋紧的情况下，经济运行总体稳定，主要经济指标完成全年目标

2016年，国际经济环境错综复杂，国内经济缓中趋稳、稳中向好，但下行压力仍然较大。全年国内生产总值同比增长6.7%，增速较上年回落0.2个百分点。工业、投资、消费等主要经济指标也呈回落态势，全年全国规模以上工业增加值同比增长6.0%，增

速较上年回落0.1个百分点；固定资产投资同比增长8.1%，较上年回落1.9个百分点；社会消费品零售总额同比增长10.4%，较上年回落0.3个百分点。

在外部经济环境趋紧的情况下，贵州经济运行总体稳定，总量稳步提升，顺利完成2016年《政府工作报告》确定的主要目标任务。其中，地区生产总值11734.43亿元，高于目标任务（11650亿元）80多亿元；规模以上工业增加值（2000万元统计口径，以下同）4032.11亿元，高于目标任务（3800亿元）200亿元以上；固定资产投资（500万元统计口径，以下同）12929.17亿元，高于目标任务（12600亿元）300亿元以上；社会消费品零售总额3708.99亿元，高于目标任务（3661亿元）近50亿元。

（二）在下行压力较大的情况下，主要经济指标平稳较快增长，继续高于全国及西部地区平均水平

表1　2016年贵州及全国主要经济指标增速统计表

主要指标	贵州增速（%）	全国增速（%）	贵州高于全国（百分点）
地区生产总值	10.5	6.7	3.8
规模以上工业增加值	9.9	6.0	3.9
固定资产投资	21.1	8.1	13.0
社会消费品零售总额	13.0	10.4	2.6
金融机构人民币各项存款余额	22.3	11.0	11.3
金融机构人民币各项贷款余额	18.6	13.5	5.1

2016年一季度，贵州地区生产总值同比增长10.3%，高于全国3.6个百分点；上半年、前三季度及全年同比增速均提高到10.5%，高于第一季度0.2个百分点，高于全国3.8个百分点。此外，贵州规模以上工业增加值、固定资产投资、社会消费品零售

额、金融机构人民币各项存、贷款余额等主要经济指标增速分别高于全国3.9、13.0、2.6、11.3和5.1个百分点。

总体上，2016年贵州经济延续“十二五”时期良好发展态势，主要经济指标平稳较快增长，高于全国及西部地区平均水平，位居全国前列，呈现出总体平稳、稳中向好的运行态势。

二、主要特点

贵州经济发展呈现出总体平稳、稳中有新、稳中趋好的特点。

（一）总体平稳：体现为“五稳”

农业生产平稳向好。2016年，贵州农林牧渔业增加值1944.66亿元，同比增长5.9%。一是粮食产量稳步增长。全年贵州粮食总产量1192.4万吨，同比增长1%，实现“四连增”，为改革开放以来最高水平。二是农业结构调整稳步推进。以山地特色高效农业为抓手，促进主要特色农产品产量较快增长，贵州油菜籽产量90.25万吨，同比增长1.4%；蔬菜产量1896.6万吨，同比增长9.5%；茶叶产量17.4万吨，同比增长47.5%；水果产量257.4万吨，同比增长14.5%。三是畜牧业呈恢复性增长。贵州畜牧业增加值480.16亿元，同比增长2.9%。猪、牛、羊、禽肉类产量195.1万吨，同比下降1.5%；禽蛋产量18.3万吨，同比增长5.6%；牛奶产量6.4万吨，同比增长3.1%。

工业发展稳中有进。贵州工业经济保持在10%左右运行，月度小幅波动。2016年，贵州规模以上工业增加值4032.11亿元，同比增长9.9%，增速较上年提升0.5个百分点。一是新企业贡献突出。年末贵州规模以上工业企业数突破5000户，达到5047户，比上年末净增565户。新建投产入规企业实现增加值182.91亿元，拉动规模以上工业增加值增长4.2个百分点。二是工业升级成效显现。

贵州坚持调高、调轻、调优，加快结构调整。调高方面，贵州高技术产业增加值272.58亿元，同比增长27.2%，增速高于规模以上工业17.3个百分点，高技术产业增加值占规模以上工业增加值的比重为6.8%，较上年提升1.3个百分点。调轻方面，贵州规模以上轻工业实现增加值1559.37亿元，同比增长10.1%，增速高于重工业0.3个百分点。调优方面，贵州着力拓宽工业经济产业面，不断增加新产品，调整工业内部结构，稳定工业生产。贵州规模以上工业统计范围产品种类325种，占统计目录工业产品种类的比重为55.2%，产品覆盖率较上年提升5.1个百分点。三是传统产业增势稳定。贵州煤电烟酒四个行业“两增两降”。其中，酒、饮料和精制茶制造业增加值815.09亿元，同比增长12.8，电力、热力生产和供应业增加值421.85亿元，同比增长9.7%；煤炭开采和洗选业增加值675.30亿元，同比下降0.9%，烟草制品业281.58亿元，同比下降8.9%。

固定资产投资平稳较快增长。贵州紧盯重大工程和重点项目，积极谋划和推进重大工程项目建设，固定资产投资保持平稳较快增长。2016年，贵州固定资产投资12929.17亿元，同比增长21.1%。一是投资结构继续调整、优化。贵州三次产业投资结构为2.2∶23.8∶74.0，与上年相比，第一产业投资占比较上年提升0.1个百分点，第二产业投资占比较上年回落1.8个百分点，第三产业投资占比较上年提升1.7个百分点。二是重点领域投资继续增长。贵州基础设施投资5340.13亿元，同比增长29.1%，占贵州固定资产投资的比重为41.3%，较上年提升2.5个百分点；工业投资3076.50亿元，同比增长12.0%。三是新兴产业投资快速增长。贵州高技术产业投资249.74亿元，同比增长56.7%，增速高于贵州投资增速35.6个百分点；科学研究和技术服务业投资42.23亿元，同比增长47.5%，高于贵州投资26.4个百分点；租赁和商务服务业投资192.35亿元，同比增长70.2%，高于贵州投资49.1个百分点；生物制药投资27.45亿元，同比增长26.1%，高于贵州投资5个百分点。四是民间投资保持稳定增势。贵州民间投资5395.45亿元，同比增长11.9%，增速高于全国（3.2%）8.7个百分点。

市场消费稳步发展。贵州着力提高产品质量、创新产品供给，市场消费稳步增长。全年贵州社会消费品零售总额3708.99亿元，同比增长13.0%。一是城乡市场协调发展。贵州城镇消费品零售额3030.73亿元，同比增长12.9%，乡村消费品零售额678.26亿元，同比增长13.4%。二是与生活相关的产品消费增速较快。贵州限额以上家具类，建筑及装潢材料类，体育、娱乐用品类零售额同比分别增长44.9%、17.4%和26.3%。三是重点大宗消费较快增长。贵州限额以上汽车类零售额690.96亿元，同比增长19.2%，增速较上年提升6.6个百分点。与汽车消费相关的石油及制品类零售额615.26亿元，同比增长10.5%。

物价水平总体稳定。全年贵州居民消费价格同比上涨1.4%，涨幅低于全国0.6个百分点，保持温和上涨态势。

（二）"稳中有新"：体现为"三新"

新产业快速发展。贵州立足省情实际，加快培育壮大现代农业、装备制造业等新兴产业，新兴产业成为贵州经济发展生力军。从农业发展看，高附加值特色有机无公害农作物种植形势较好，产量不断增加。农业园区建设步伐加快，贵州共有385个现代高效农业示范园区，较上年增加59个。从工业发展看，新型工业蓬勃发展，计算机、通信和其他电子设备制造业，汽车制造业等快速增长，全年合计实现增加值161.65亿元，占规模以上工业增加值的比重为4.0%，较上年提升1.5个百分点。

新业态方兴未艾。新的技术应用于各行各业，不断衍生出新的业态。贵州在稳增长、调结构的同时，大力培育新经济、新业态，经济发展新动能不断增强。特别是利用大数据技术，实施政府数据

“聚通用”，加快发展在线医疗、网络约车、智能养老等新型服务业。

新商业模式不断涌现。贵州加快改造提升传统产业，深入推进信息化与工业化深度融合，通过互联网创新商业模式，不断汇聚经济社会发展新动能。全年新增市场主体37万户，平均每天增加1000多户。新增的市场主体对商业模式创新起到助推作用，2016年，贵州限额以上企业（单位）通过公共网络实现商品零售额51.81亿元，同比增长100.7%，网络商品零售额占限额以上商品零售额的比重为2.5%，较上年提升2.1个百分点。

（三）“稳中向好”：体现为“三好”

供给侧结构性改革效果较好。贵州围绕“三去一降一补”五大任务，扎实推进供给侧结构性改革，取得明显成效。一是“去”的效果明显。去产能方面，认真落实煤炭、钢铁等行业化解过剩产能脱困发展实施方案，全年压减粗钢产能220万吨，关闭煤矿121处，全面完成贵州与国家签订的去产能目标任务。去库存方面，全年贵州房地产开发企业商品房屋销售面积4156.93万平方米，同比增长16.8%，增速较上年提升4.8个百分点，商品房库存进一步减少。此外，贵州规模以上有色、煤炭、冶金等行业产成品库存同比分别下降4.7%、16.9%和29.5%。二是“降”的力度加大。贵州以降成本为突破口，特别是把降电价作为“牛鼻子”，统筹推进降低用电、物流、税费、融资、制度性交易“五大成本”。据有关部门（单位）统计，全年累计降低企业综合成本700亿元以上。三是“补”的步伐加快。围绕三块“短板”，加大工作力度，补短板措施有力。脱贫攻坚方面，贵州共有6个贫困县、60个贫困乡镇摘帽，1500个贫困村出列。基础设施建设方面，积极推动基础设施向县以下延伸，建设农村公路2万多公里，新增解决249万农村人口饮水安全问题。教育医疗事业方面，压缩6%的行政经费用于教育精准扶贫，建成300个农村幼儿园，300个标准化农村寄宿制学校，16.89万贫困家庭学龄前儿童吃上营养午餐；制定实施健康贵州工程，完成了300多所乡镇卫生院标准化建设。

经济发展效益较好。一是从居民收入看，2016年，贵州常住居民人均可支配收入15121元，同比增长10.4%。按常住地分，城镇常住居民人均可支配收入26743元，同比增长8.8%；农村常住居民人均可支配收入8090元，同比增长9.5%。二是从企业收入看，1—11月，贵州规模以上工业企业实现利润总额605.40亿元，同比增长12.1%；实现主营业务收入9780.7亿元，同比增长13.8%；每百元资产实现主营业务收入155.8元，较上年提高7.4元。三是从财政收入看，贵州财政总收入2409.35亿元，同比增长4.4%；一般公共预算收入1561.33亿元，同比增长8.1%。其中，税收收入1120.42亿元，同比增长6.5%，占一般公共预算收入的比重为71.8%；非税收入440.90亿元，同比增长12.6%。

生态环境保护较好。在确保经济持续较快增长的同时，贵州着力保护山青水绿、天蓝地净的生态环境，守住了发展和生态两条底线。2016年，贵州森林覆盖率提高到52%，市州中心城市空气质量优良天数比例达到96.6%，县级以上城市污水处理率达到90.5%，集中式饮用水源地水质达标率稳定在100%，实现了有质量、有效益、可持续的增长。

三、存在的困难和问题

当前，贵州经济运行也出现了一些情况和问题，需重点关注。

（一）宏观环境依然复杂严峻

从国际看，世界经济仍处于危机后的深度调整之中，呈现出低增长、低物价、低利率、不平衡态势。2016年，全球经济增速延续下滑趋势。欧、美、日等主要经济体对世界经济增长的带动作用明显减弱，巴西、俄罗斯等新兴经济体仍处于衰退之中。特别是近期，随着美联储加息以及特朗普新政出台，世界经济发展的不确定性明显增大。从国内情况看，全国 GDP 自 2010 年以来，连续 6 年增速放缓，处于中高速增长区间，2016 年全国经济增长 6.7%，为 1990 年以来最低增长水平。工业、投资、消费等主要经济指标增速也呈回落态势。从贵州情况看，贵州经济下行压力仍然较大，主要指标增速逐年回落。其中，地区生产总值增速已从 2011 年的 15.0%，回落到 2012 年的 13.6%、2013 年的 12.5% 和 2014 年的 10.8%，2015 年贵州地区生产总值增长 10.7%，2016 年为 10.5%，呈稳中趋缓态势。规模以上工业增加值增速由 2011 年的 21.0% 回落到 2016 年的 9.9%。固定资产投资增速由 2011 年的 40.0% 回落到 2016 年的 21.1%。社会消费品零售总额增速由 2011 年的 18.1% 回落到 2016 年的 13.0%。

（二）市场供需衔接有待加强

受国际国内经济增速放缓影响，市场需求不足与有效供给缺乏，成为影响贵州经济平稳运行的重要原因。一是工业产品出厂价格仍呈下降走势。2016 年，贵州工业生产者价格虽有所回升，但仍处下降通道。全年贵州工业生产者出厂价格同比下降 2.1%，工业生产者购进价格同比下降 1.5%。二是主要工业产品产量下降。贵州纳入统计监测的 325 种工业产品中，有 84 种产量出现下降。煤炭等重点产品产量下降，2016 年贵州原煤产量 1.67 亿吨，同比下降 2.3%；焦炭产量 658.73 万吨，同比下降 9.7%；生铁产量 371.36 万吨，同比下降 8.9%；铁合金产量 311.71，同比下降 4.0%。与之形成对比的是，近期煤炭价格回升并未带动煤炭产值和产量回升，主要原因是贵州多数过剩产能不符合国家标准，难以重新释放产能形成产值。三是部分企业生产经营压力增大。此外，一些传统行业盈利状况并未有效好转，难以通过信贷融资加快促进生产，给工业经济运行带来了压力。比如，据中国人民银行贵阳中心支行统计，贵州煤炭开采和洗选业不良贷款65.7亿元，不良贷款率高达12.6%；金属冶炼和压延加工业不良贷款5亿元，不良贷款率为7.29%。四是对外贸易形势十分严峻。贵州对外贸易自2016年6月以来，持续负增长且呈不断扩大态势。全年贵州进出口总额377.16亿元，增速由上年增长15.6%转为下降50.5%。

（三）内在结构性矛盾依然突出

当前贵州正处于结构调整的爬坡过坎阶段，传统产业占比较高，新兴产业带动有限，对经济增长影响较大。比如，在工业领域，煤炭开采和洗选业、烟草制品业两大传统支柱产业占规模以上工业的比重为23.7%，这两大行业增速下滑，对工业经济影响明显，直接拉低工业经济增速0.7个百分点。又比如，在投资领域，房地产开发投资占全部投资的比重超过15%，贵州房地产开发投资同比下降2.5%，占比较上年回落4.1个百分点，对投资增长的贡献减弱。同时，工业投资增长趋缓，全年贵州工业投资同比增长12.0%，较上年回落5.5个百分点，工业投资占贵州固定资产投资的比重为23.8%。较上年回落1.9个百分点，一定程度上将导致工业发展后劲不足，减弱增长支撑。

2016年云南省民族地区经济运行情况

2016年，面对错综复杂的国内外经济形势，云南全面落实习近平总书记系列重要讲话和考察云南重要讲话精神，坚决贯彻党中央、国务院和省委、省政府各项决策部署，坚持稳中求进工作总基调，抓牢供给侧结构性改革这条主线，全力以赴统筹做好稳增长、调结构、促改革、惠民生、防风险等工作，国民经济在严峻挑战中砥砺前行。云南总体保持了经济平稳较快增长与社会和谐稳定，实现了“十三五”良好开局。

云南地区生产总值实现14869.95亿元，同比增长8.7%。其中，第一产业增加值完成2195.04亿元，同比增长5.6%；第二产业增加值完成5799.34亿元，同比增长8.9%；第三产业增加值完成6875.57亿元，同比增长9.5%。三次产业结构由上年的15.1∶39.8∶45.1调整为14.8∶39.0∶46.2。固定资产投资完成15662.49亿元，同比增长19.8%。社会消费品零售总额增长12.1%，外贸进出口总额完成199.99亿美元，同比下降18.4%。地方一般公共预算收入完成1812.26亿元，同比增长5.1%。城镇常住居民人均可支配收入为28615元，同比增长8.5%。农村常住居民人均可支配收入为9017元，同比增长9.4%。居民消费价格指数上涨1.5%。非公经济增加值实现6967.76亿元，占全省生产总值的比重达46.9%，比上年提升0.3个百分点。人口自然增长率为6.61‰。

一、经济保持平稳较快增长

强化经济运行分析研判，超前谋划并及早出台稳增长、开好局等一系列政策措施。地区生产总值增速圆满完成年初目标任务，固定资产投资增速位居全国前列。全年粮食总产量 1902.9 万吨，农林牧渔业增加值同比增长 5.7%。鼓励企业促销扩产，规模以上工业增加值增速从年初的 0.2% 回升到全年平均增速 6.5%。全面推进十大扩消费行动计划。促进旅游业提质增效，旅游总收入增长 44%左右。

二、供给侧结构性改革取得初步成效

出台了推进供给侧结构性改革“1+5+3”系列文件。去生铁产能 125 万吨、粗钢产能 376 万吨、煤炭产能 1896 万吨。商品房去化周期恢复至合理范围。积极开展企业债券融资和股票融资，协议融资额达 7000 多亿元。云锡集团实施市场化债转股，降低杠杆率 15%左右。全年为实体经济减负 800 亿元左右。教育卫生、脱贫攻坚分别争取中央资金 21.5 亿元、92.2 亿元。筹集 653 亿元启动实施现代职业教育扶贫工程和县级公立医院及妇女儿童医院扶贫工程行动计划。

三、固定资产投资保持高速增长

以深化投融资体制改革为动力，推动了投资高速增长，超额完成年度目标任务。启动实施 2016—2018 年“十、百、千”项目投资计划，一大批重大项目相继开工建设。设立重点项目、产业发展等多支基金。省重点项目投资基金实现当年投放，额度达 680 亿元；财政投入16亿元，吸收社会资本35亿元，设立首期51亿元的省重点产业母基金。争取到中央预算内投资209亿元、国家专项建设基金额度895亿元。建立了传统基础设施领域PPP项目库。

四、以综合交通为主的基础设施建设取得新突破

铁路方面，沪昆客专、云桂铁路、昆玉扩能正式通车，云南迈入高铁时代；大瑞、玉磨、大临、叙毕等铁路建设加快推进；呈贡至红塔、大理至丽江城际高铁试验段实现开工；渝昆高铁前期工作有序推进。公路方面，保山至泸水、墨江至临沧高速公路可研报告获批，16个州（市）通高速公路项目全部开工建设；武定至易门、泸西至弥勒、元江至蔓耗、腾冲至陇川等项目加快建设；上关至鹤庆、小铺至乌龙等项目建成通车。机场方面，沧源佤山机场建成通航；澜沧机场新建、腾冲等7个机场改扩建加快推进；怒江等机场前期工作正稳步推进；陇川等5个通用机场开工建设。能源方面，观音岩等水电站投产；云南金沙江中游电站送广西直流输电工程等建成投产；滇西北至广东±800千伏高压直流工程开工建设；西电东送1250亿千瓦时；新增石油、天然气管道666公里。水利方面，曲靖阿岗水库、昆明柴石滩水库灌区开工建设，新开工水源工程61件，建成“五小水利”工程50万件。滇中引水工程关键性环节完成审批。曲靖车马碧水库可研报告已获国家审批。互联网方面，昆明国际通信枢纽加快建设，新增光缆线路20.8万公里。

五、产业结构调整取得初步成效

大力推动产业转型升级，出台了着力推进八大重点产业发展的若干意见，建立重点产业领导推进机制，推动设立重点产业母基金和8个重点产业子基金、1个并购基金和1个国际产能合作基金。

传统支柱产业持续稳固提升，新兴产业加快推进，“云上云”行动计划加快实施，生产性和生活性服务业特色领域发展初见成效。规模以上企业户数超过4100户。非烟工业同比增长12.1%，全部工业增加值同比增长6.5%，建筑业增加值同比增长14.6%左右。第三产业增加值同比增长9.5%。

六、精准脱贫实现良好开局

全力打好脱贫攻坚“组合拳”，扎实推进“五个一批”，实施六大脱贫攻坚工程包，设立总规模1152亿元的云南浦发扶贫投资发展基金，实施44.5万建档立卡贫困人口易地扶贫搬迁，有望实现12个贫困县摘帽、1253个贫困村出列、120万贫困人口脱贫的目标和任务。

七、深化改革与扩大开放迈出新步伐

深化改革方面，取消和调整省级行政许可事项48项、行政许可外的行政确认等行政职权24项，清理规范中介服务事项133项。电力体制改革成效显著，昆明电力交易中心成功设立运营，2016年省内电力市场化交易电量超过550亿千瓦时，累计减少企业电费支出90.3亿元；实施城乡居民用电电能替代价格政策，云南成为全国大工业用电、居民用电价格最低省份之一。国企改革、投融资体制改革、价格改革稳步推进。云南（除迪庆州外）党政机关车改已基本完成。扩大开放方面，积极融入“一带一路”建设。成功召开第四届南博会暨第二十四届昆交会。与国家发展改革委员会签订国际产能委省合作协议，共同举办了第四届南博会国际产能合作系列活动。云铝老挝100万吨/年氧化铝项目、柬埔寨暹粒新国际机场建设等一批境外重大项目推进取得积极进展。对外投资同比增长

19.8%。实际利用外资和引进省外到位资金同比分别增长10%和14.3%。

八、生态文明建设稳步推进

制定出台了贯彻落实生态文明体制改革总体方案的实施意见和《云南生态文明建设排头兵规划（2016—2020年）》。21个县（市、区）新增纳入国家重点生态功能区。实施退耕还林还草160万亩，治理水土流失面积4720平方公里。滇池、洱海、抚仙湖等高原湖泊治理与保护取得积极进展。建立了碳排放总量控制制度和分解落实机制。昆明呈贡新区成为国家8个低碳城镇试点之一。

九、新型城镇化进程步伐加快

出台了深入推进新型城镇化建设、深入推进国家新型城镇化综合试点的实施意见。滇中新区建设、滇中城市群一体化发展取得积极进展。4个第二批国家新型城镇化综合试点地区任务扎实推进，腾冲市、楚雄市、瑞丽市、剑川县沙溪镇成为第三批国家新型城镇综合试点。玉溪、普洱产城融合示范区获批设立。制定出台了进一步加快县域经济发展的意见和县域经济分类考核评价办法。

十、社会民生保障不断改善

2016年，云南民生支出总额3700多亿元，占财政支出比重达73.8%。一是就业创业稳步扩大。实现城镇新增就业44.8万人，城镇失业人员再就业13.4万人、就业困难人员就业11万人。二是社会保障体系更加完善。城乡低保、基本医疗、基本养老等保障标准不断提高，云南五大社会保险参保人数达4917万人。统筹实施农村危房改造和抗震安居工程 60 万户，棚改货币化安置比例达 48.5%。三是各项社会事业加快发展。加强教育卫生补短板，首批 37 个现代职业教育、县级公立医院和妇女儿童医院项目开工建设，落实资金 201.5 亿元。“两免一补”政策实现城乡统一，滇西应用技术大学如期招生。在 6 个州（市）开展城市公立医院综合改革，取消药品加成。实施了 11 个重大科技专项，4 个项目荣获 2016 年度国家科学技术奖励。建成云南大剧院等标志性文化设施。成功举办上合组织第一届全程马拉松赛等大型赛事。四是社会治理不断加强。强化社会治安综合治理。全面打响第四轮禁毒防艾人民战争。全面推进民族团结进步示范区建设。依法推进宗教事务管理。食品药品安全形势总体平稳。鲁甸灾后恢复重建有序推进，景谷灾后恢复重建全面完成。军民融合发展积极推进。10 件惠民实事圆满完成。

看到成绩的同时，也要清醒地看到当前云南经济社会发展还面临不少困难和问题。经济下行压力持续加大，有效需求、有效供给增长乏力，民间投资和工业投资增速仍未实现转负为正，传统骨干产业对经济增长的瓶颈约束凸显，新旧动能尚难转换接续，金融风险隐患不容忽视，对外开放步伐不快；实体经济经营困难，企业综合成本仍然较高，土地、资金等要素配置效率较低；财政收支矛盾持续加大，财政收入结构不合理；社会事业发展滞后，教育、卫生等基本公共服务水平低，生态环境脆弱；简政放权、政府职能转变还不够到位等。

2016年西藏自治区经济运行情况

2016年是“十三五”开局之年。面对新形势、新任务，西藏深入贯彻落实习近平总书记系列重要讲话精神，特别是“治国必治边、治边先稳藏”的重要战略思想和“加强民族团结、建设美丽西藏”的重要指示，深入贯彻落实中央第六次西藏工作座谈会和自治区第九次党代会精神，牢固树立“五大发展理念”，主动适应新常态，坚持稳中求进工作总基调，狠抓稳增长、调结构、强支撑、促改革、惠民生、保稳定、防风险各项措施，经济平稳运行，目标任务接近预期，质量效益不断提升，实现了“十三五”良好开局。

一、2016年经济运行情况

总体来看，2016年，西藏经济形势继续保持稳中有进、进中向好的良好发展态势。一是经济增速快。西藏生产总值达到1150亿元，同比增长10%，高于全国平均水平3.3个百点，位于全国第三位，连续24年保持两位数增长。二是投资拉动大。完成全社会固定资产投资1655亿元，同比增长23.3%，增速位于全国第一位。拉林铁路、拉萨市环城路等一批关系群众切身利益的民生项目和事关长远发展的重大项目建设取得新突破。三是质量效益好。粮食产量突破100万吨，创历史新高。清洁能源加快发展，电力装机总容量达到266万千瓦，首次实现藏电外送净送出，藏中电网结束了拉闸限电的历史。旅游文化发展势头强劲，全年接待国内外游客突破2300万人次，旅游总收入达到330亿元。全社会消费品零售总额实现459.41亿元，同比增长12.5%。一般公共预算收入155.6亿元，同比增长13.5%，一般公共预算支出1585.5亿元，同比增长14.8%。完成税收257.6亿元，同比增长31.2%。四是改革开放活力强。大力推进简政放权，公布政府权责清单和随机抽查事项清单，取消行政许可22项，清理规范行政审批中介服务23项。大力推进商事制度改革，非公经济蓬勃发展，新增市场主体4.7万户，各类市场主体突破19万户。西藏华钰矿业、高争民爆、易明西雅医药3家企业成功上市。积极推动豫藏经济合作，促进川藏区域经济合作。科学编制西藏面向南亚开放重要通道建设规划，积极参与“一带一路”倡议，推进孟中印缅经济走廊建设。首列粤藏中南亚班列开通运营，开辟了广东—西藏—尼泊尔公铁联运新通道。五是生态环境优。在全国率先建设江河源生态功能保护区，纳木措和羊卓雍措纳入国家良好湖泊保护试点，拉萨市被评为国家环境保护模范城市，拉萨、山南列入国家首批生态文明先行示范区。各级自然保护区47个，保护区面积占全区国土面积的35.34%，居全国首位。水环境、大气环境基本没有受到污染，江河湖泊及地下水质均为一、二类，城镇空气质量优良率全天候达标，西藏高原生态系统总体趋好。六是民生改善实。全力办好民生实事，对29项民生领域的政策提标扩面。率先实现15年免费教育，率先实现“双集中”，率先实现城乡居民基本养老保险均等化。城乡居民人均可支配收入分别达到27802元和9094元，同比分别增长9.2%和10.3%。新增城镇就业5万人，转移农牧区富余劳动力110万人次。减少贫困人口13万人，完成7.7万人易地扶贫搬迁。各项社会保险参保300万人次，覆盖城乡的社会保障体系基本建成，各族群众的获得感和幸福感进一步增强。

二、存在的主要问题

（一）经济发展水平低

西藏发展水平与全国平均水平差距大，仍然是全国最落后地区之一。2016 年，地区人均生产总值、城乡居民人均可支配收入仅相当全国平均水平的 60% 和 80%、70% 左右，到 2020 年要实现接近全国平均水平的目标时间紧、任务重。西藏是全国唯一省级集中连片特困地区，贫困程度深、脱贫难度大，是区域脱贫攻坚的硬骨头。特别是边境地区的基础设施建设、产业发展、脱贫攻坚、民生事业等严重滞后，填平补齐的任务相当繁重。

（二）内生增长动力不足

这些年西藏经济发展主要还是依靠中央政策扶持、依赖国家投资拉动，“十二五”期间，中央投资占到总投资的 36.6%，投资对经济增长的贡献率高达 129%，是全国平均水平的 2.6 倍，属于典型的投资拉动型经济，经济粗放增长特征明显，在全国经济下行压力较大、财政增收放缓的大背景下，进一步争取中央投资、拉动经济增长的路子将越走越窄。企业小散弱、生产效率低、创新能力不强，经济自我发展能力亟待提高。由于市场发育不够，聚集效应不足，管理和生产方面的人才缺乏，基础配套设施不完善，优惠政策宣传和落实力度不够，投资者投资信心不足等因素，2016 年民间投资呈现持续低迷状态，全年仅完成民间投资 264.57 亿元，同比下降 17.3%，民间投资占固定资产投资总额的比重仅为 16%。

（三）产业支撑能力较弱

总的看是“一产弱、二产散、三产层次低”，产业结构不合理、关联性差、组织化程度低、规模小、竞争能力弱。第一产业中的农牧业产业化经营率仅为42%，科技贡献率不到40%，分别低于全国平均水平25个百分点和16个百分点。第二产业增加值比重不足40%，工业化率仅为6.4%，传统工业占主导地位，新型工业发展不足。第三产业产值尽管占大头，但发展仍然滞后，其中生产性服务业和现代服务业占比不足30%。

（四）基础设施建设严重滞后

虽然这些年西藏基础设施建设突飞猛进，有了很大改观，但高等级公路仅占公路通车里程的0.37%，仍有5个县不通油路，乡镇、行政村通油路率仅为54%和23%，铁路网密度仅为全国平均水平的7.3%，支线航空线路只有3条。主要电源仍为中小型水电，丰枯出力悬殊且与负荷需求不匹配，电力供需矛盾突出，还有15个县处于电力孤网运行的状态。城镇基础设施不完善，对人口和产业的承载力弱，城镇化率低于全国平均水平30个百分点。

2016年甘肃省民族地区经济运行情况

2016年以来，甘肃民族地区认真贯彻落实党的十八大，十八届三中、四中、五中、六中全会精神，在中央和省委、省政府的坚强领导下，面对错综复杂的宏观经济形势、艰巨复杂的改革任务和持续加大的经济下行压力，坚持稳中求进的工作总基调，坚持新发展理念，以推进供给侧结构性改革为主线，扩大需求，积极应对风险挑战，脱贫攻坚全面深入，基础设施建设不断完善，群众生活持续改善，经济社会保持平稳健康发展，实现了“十三五”良好开局。

一、2016年经济运行情况

甘肃是一个多民族聚居的省份。省内现有55个少数民族，少数民族人口241.05万人，占甘肃常住人口的9.4%。人口较多的少数民族有10个，即回族、藏族、东乡族、裕固族、保安族、蒙古族、哈萨克族、撒拉族、土族、满族。其中东乡族、保安族、裕固族是甘肃独有的民族。甘肃民族地区包括2个自治州和7个自治县，其中东乡县和积石山县隶属于临夏回族自治州。民族地区共有21个县（市），土地面积18.36万平方公里，占甘肃总面积的43%。民族地区年末常住人口324.55万人，占甘肃常住总人口的12.5%。为促进甘肃民族地区经济加快发展，中央和省委、省政府相继出台了一系列政策措施，有力地支持了甘肃民族地区加快发展，民族地区经济运行呈现出了健康平稳的良好态势。

（一）经济综合实力进一步增强

2016 年是全面深化改革的关键之年，也是“十三五”规划的开局之年，更是甘肃民族地区脱贫攻坚的重要之年。2016 年，甘肃民族地区生产总值达到 506 亿元，同比增长 7.7%；固定资产投资达到 864 亿元，同比增长 11.11%；完成社会消费品零售总额 172 亿元，同比增长 10.7%；城镇居民人均可支配收入达到 19163 元，同比增长 8.1%，农村居民人均可支配收入达到 6085 元，同比增长 9.2%，增速均高于甘肃平均水平。在民族地区中，临夏州全年完成地区生产总值 230.11 亿元，同比增长 8.3%；固定资产投资 145.41 亿元，同比增长 8.9%；社会消费品零售总额 83.68 亿元，同比增长 10%；一般公共预算收入 18.21 亿元，同比增长 15.74%；城镇居民人均可支配收入 17912 元，同比增长 8.5%；农村居民人均可支配收入 5680 元，同比增长 8.3%；甘南州全年完成地区生产总值 135.95 亿元，同比增长 5.6%；固定资产投资 208.83 亿元，同比增长 12.1%；社会消费品零售总额 45.32 亿元，同比增长 9%；一般公共预算收入 9.84 亿元，同比增长 7.4%；城镇居民人均可支配收入 21327 元，同比增长 8.5%；农村居民人均可支配收入 6414 元，同比增长 8.2%。临夏州地区生产总值增速在甘肃各市州中排名第四名，社会消费品零售总额增速排名甘肃第一，甘南州固定资产投资增速在甘肃排名第一。其他民族自治县各项经济指标均完成了任务目标。

（二）脱贫攻坚成效显著

民族地区全年共减少贫困人口约 17 万，临夏州聚焦年度减贫 11.5 万人的目标和“两不愁、三保障”要求，统筹推进农村水、电、路、房和优美环境建设，完成农村公路畅通工程和村社道路硬化350公里，解决5.3万人的饮水安全问题，改造农村危房1.96万户，完成易地搬迁1.5万人，所有贫困村已实现动力电全覆盖。甘南州全年实施易地扶贫搬迁3503户17025人，投资5.88亿元，建档立卡贫困户人均补助标准由8000元提高至10000元。建成农牧村饮水安全集中供水工程1862处、大口井430眼，新增、巩固灌溉面积1.12万亩，新建堤防133.6公里。落实建制村通畅工程30项416公里，“千村美丽”交通项目29项290公里，农村扶贫公路3项37公里及6座农牧村独立桥梁。甘南州车巴河流域特困片区实施各类项目55个，到位资金3.97亿元，尼江两村民房改造、农网升级改造、车巴河流域地质灾害防治等项目完成年度建设任务，累计完成投资3.14亿元。天祝县全年减少贫困人口3607户1.36万人，实现13个贫困村整体脱贫目标。张家川县255个村级扶贫互助协会，资金规模全部达到30万元以上，向3074户贫困户发放精准扶贫专项贷款1.73亿元，扎实推进272户1284人建档立卡贫困户易地扶贫搬迁工程，实施了10乡镇40村整村推进项目。

（三）项目建设进展顺利

甘肃民族地区坚持把抓项目、保固投作为稳增长的关键举措，加大项目建设力度，有力促进了经济平稳增长。甘南州总投资805.76亿元的各类项目纳入国家发改委编制的《“十三五”支持藏区发展规划建设项目方案》，总投资将比“十二五”增加100亿元。夏河至青海同仁二级公路建成通车，碌曲至青海河南、玛曲至青海久治二级公路、玛曲至青海玛沁三级公路完成年度建设任务。“引洮济合”、玛曲县城供水、黄河干流玛曲段防洪工程建设进展顺利，“引洮入潭”工程已建成通水。临夏州积极抢抓国家和省推进“三州”意见落实的重大机遇，全州共实施500万元以上重点项目682项，总投资1077.1亿元，完成投资322.4亿元。引黄济临工程建成通水，州医院迁建、现代职业学院二期、民族大剧院等州庆项目建成，双达高速公路、康冶二级公路、折红二级公路项目进展顺利。天祝县在建500万元以上项目306项，总投资153.17亿元，同比增加105项。肃南县开工建设肃南县城至青海祁连二级公路、嘉峪关至祁丰一级旅游公路等87.4公里，修建建制村通畅公路15条182公里、牧道141公里。张家川县谋划“十三五”十大重点工程项目440项，总投资达到602.5亿元。

（四）现代农业健康发展

各项惠农政策得到全面落实，现代农业实现健康发展。甘南州农作物种植面积达到113.22万亩。其中，粮食作物53.20万亩，比上年减少0.42万亩；经济作物48.06万亩，比上年增加6.01万亩；青饲料11.96万亩，比上年减少1万亩。粮、经、饲种植结构由2015年的49.4：38.8：11.8调整为2016年的47.0：42.4：10.6，粮食总产量达到了8.8万吨。年末各类牲畜存栏376.26万头（只），增加2.35万头（只），增长0.6%。临夏州新增设施蔬菜1万亩、中药材1万亩、优质林果12.9万亩，新建规模养殖场（养殖小区）102个，新发展规模养殖户1018户，完成劳务培训6.1万人，组织劳务输转49.8万人，劳务收入同比增长4.7%。天祝县农作物播种面积达到78.89万亩，特色农业种植面积达到61.42万亩，粮经饲比例调整为22：40：38，全县新开工设施农牧业0.52万亩，累计达到14.46万亩。肃南县新建养殖小区30个，配套建成养殖暖棚217座、储草棚174座，分户暖棚羊舍3000座，创建省级标准化养殖示范场1个、市级标准化养殖示范场2个，全年出栏各类牲畜60万头（只）。肃北县牲畜饲养量达到36.15万头（只），完成农作物播种面积1.5万亩。

（五）工业经济健康平稳运行

甘肃民族地区工业经济运行实现了平稳健康运行的良好态势。甘南州受乳制品、电力生产、黄金等行业较快增长的拉动，全州全部工业完成增加值18.21亿元，完成目标任务的96.4%，同比增长8.4%，增速较上年提升7个百分点。其中，规模以上工业企业完成增加值10.80亿元，同比增长8.5%；规模以下工业完成增加值7.41亿元，同比增长8.3%。临夏州完成工业增加值26.86亿元，同比增长8.9%，其中，完成规模以上工业增加值14.5亿元，同比增长7.6%。天祝县实施工业项目29项，完成工业固定资产投资29.82亿元。实现工业增加值21.14亿元，同比增长9.1%。阿克塞县恒亚120万吨干法水泥生产线二期和年产1.6万吨胶状乳化炸药生产线建成投产，甘肃光热公司光热发电测试平台并网发电、50兆瓦高温熔盐槽式光热发电项目列入国家示范项目名录，大图330千伏变电站投运。肃北县建成工业企业129家，其中规模以上企业23家。工业增加值对全县GDP贡献率达80%以上，工业财税对县财政的贡献率达95%。

（六）社会事业长足进步

教育事业全面发展，甘南州全年落实中央和省资金2.97亿元，4个农牧村初中校舍改造工程、130套教师周转宿舍、22所行政村幼儿园实施建设，95个义务教育改薄项目已开工建设，州中等职业学校建设项目累计完成投资2.28亿元，10个单体工程已基本完工。临夏州建成寄宿制学校38所、教师周转房300套。张家川县实施全面改薄、行政村幼儿园项目144项。医疗卫生条件不断强化，甘南州中心血站业务楼已完成主体，州疾控中心、州地方病研究院、州卫生监督所等项目进入收尾阶段，8个乡镇卫生院及30套卫生院周转宿舍建设项目全面启动。临夏州人民医院迁建、州疾控中心基本建成，4 县中医院等项目正在加快建设。肃南县建成县妇幼保健站业务楼、县疾控中心业务楼等业务用房。天祝县医院内科住院楼、藏研所门诊科研楼以及 6 家乡镇卫生院改扩建项目主体完工。文化事业全面发展，甘南州卓尼、临潭、夏河体育场、甘南日报社民文数字出版设备等项目前期工作顺利推进。临夏州州博物馆、广河齐家文化博物馆等项目建成。天祝县综合体育馆、图书馆、博物馆等公共文化服务基础设施建设项目建成投入使用。

（七）生态文明建设全面推进

甘肃民族地区始终坚持绿色发展的新理念，着力实施生态功能区保护、生态防护林、水土流失治理等建设项目，生态文明建设取得了良好实效。甘南州有效管护天然林 643.42 万亩，生态公益林 290.27 万亩，实施封山育林 3.3 万亩、人工造林 0.2 万亩、退耕还林 9.24 万亩、森林抚育 5.9 万亩。启动实施了新一轮草原生态保护补助奖励政策，兑付草原生态保护奖补资金 2.89 亿元。综合治理流动沙丘、沙化草地和“黑土滩”型退化草地 118 万亩。临夏州完成人工造林 33.6 万亩，新建绿色通道 720 公里，大夏河生态环境综合治理、和政海螺生活垃圾处理等项目加快推进。肃南县完成人工种草 10.6 万亩，治理草原鼠害 37 万亩，人工治蝗 60 万亩。争取资金 5800 万元，实施天然林保护、重点公益林建设、退耕还林等工程，完成封山育林 1.65 万亩；投入植树造林资金 2600 多万元，完成人工造林 5000 亩，义务植树 44.8 万株。

（八）各项改革不断深入

甘肃民族地区认真贯彻落实国家和省关于简政放权、放管结合、优化服务的决策部署，全力做好放、管、服工作。甘南州行政审批制度和商事制度改革加快推进，“三张清单一张网”改革补充完善，建立动态调整机制，加快政务服务中心标准化建设，推行网上审批，缩短了审批时限。严格实行“先照后证”制度，全州共发放“三证合一”营业执照3347份。积极开展“营改增”工作，全州3333户企业税负得到减免。小微企业减免税收448万元。临夏州取消行政审批事项39项，严格落实“三张清单一张网”，推进网上行权，加强发布事项动态管理，加快推进商事制度改革，推行“三证合一”“一照一码”，全州新增各类市场主体5000户，注册资金达100亿元。肃南县推进放管服相结合，精简行政审批事项20项，县级便民服务大厅建成投入运行，入驻单位19个，集中办理行政审批及便民服务事项286项。阿克塞县深化行政审批制度改革，落实下放行政审批事项137项。

二、存在的主要问题

2016年，甘肃民族地区总体上保持了经济社会发展的良好态势，实现了“十三五”良好开局，但甘肃民族地区发展自身基础弱、起步晚，加之国内外经济环境复杂多变，民族地区经济社会发展仍然存在一些不容忽视的矛盾和问题。

（一）经济结构调整难度加大

甘肃民族地区多属高原地区，自然环境差、条件艰苦等问题十分突出，民族地区与其他地区相比，经济总量小，经济结构不合理，社会发展水平低，群众生产生活条件差。2016年，甘肃民族地区地区生产总值占甘肃全省的7.14%，全社会固定资产投资占比9%，社会消费品零售总额占比5.4%，公共财政预算支出占比13.6%。民族地区产业结构由2014年的16.5∶33.8∶49.7调整为2016年的17.2∶25.9∶56.9，从产业结构内部看，第一产业比重增加，第二产业比重下降，第三产业比重上升，经济产业结构趋向合理，但调整难度越来越大。

（二）脱贫攻坚任务异常艰巨

截至2016年，甘肃民族地区尚有贫困人口约33万人，贫困发生率为11.7%，比甘肃全省高近1个百分点。农村居民人均可支配收入仅占甘肃全省的80%，贫困人口多、分布广、贫困程度深。特别是临夏州东乡县和积石山县，两县贫困人口达到了11.63万人，占民族地区贫困人口的24.4%。东乡县贫困面达到了18.0%，积石山县贫困面达到了18.9%，脱贫攻坚和稳定脱贫任务十分艰巨。

（三）实体经济经营困难

受经济下行压力影响，实体经济经营十分困难。临夏州受市场、产能过剩等经济下行压力的持续影响，规模以上企业受到较大冲击，由于产品销售受阻，2016年有6户规模以上企业退出了规模以上企业名录，部分大型省企、央企也因产能过剩、产品滞销，处于停产和半停产状态。甘南州7户农畜产品加工企业受周转资金短缺影响，生产量低于上年同期，增加值均处于下降态势，冰华矿业因环评整改停止生产，佛赐藏药因产品滞销，未开工生产，民族地区规模以上企业生产经营难度增大。

（四）生态保护任务不断加重

甘肃民族地区多属于生态功能区、限制开发区等生态区域，生态保护任务十分繁重。草原退化、超载过牧、草畜矛盾、旅游开发、大规模采矿等与生态保护存在矛盾的问题十分突出。甘南州80%的天然草原出现不同程度的退化，沙化（黑土滩）草原面积已达249万亩，湿地面积持续萎缩，草畜矛盾非常突出。临夏州植被稀疏，生态环境脆弱，森林覆盖率仅为17.0%。

三、影响民族地区发展的主要因素分析

影响甘肃民族地区发展的问题，涉及经济社会的很多方面，产生这些问题的根本原因和主要因素归纳起来，主要表现在以下四个方面。

（一）政策效应未得到充分发挥

为加快民族地区发展，中央和省委、省政府先后出台了一系列支持民族地区发展的普惠和特惠政策，对民族地区的发展起到了十分积极的作用，但在具体的政策落实当中，依然存在政策难落实、落实不到位，以及对政策实施监管不力等问题，在政策实施上大打折扣，影响到了政策的效应发挥和地方经济发展。一是政策细化分解不够。一些部门和地区对政策研究不透、领会不深，对政策如何落实没有经过认真研究，没有做到细化分解和具体分工。二是政策对接难度大。在政策落实上普遍存在对接难、协调难、落实难的问题。2015 年中央 24 号文件中，确定支持甘南州的政策达到 168 项，正在落实和尚未落实的就达到了 157 项。三是政策落实监督不够。从当前一些政策的落实情况看，民族地区一些政策难对接、难落实，甚至无法落实，主要原因之一就是对政策落实的监督不够，在政策的具体实施过程中没有形成监督的长效机制，导致支持民族地区的发展政策一些本该落实的没能落实，该执行的没有执行。

（二）经济增速总体放缓

经济新常态下，经济增长由大规模、高速度向提质量、增效益转型，各个领域和行业都面临着调结构、促改革、稳增长的问题，经济增速明显放缓。民族地区经济也正处在换挡期，呈现出了经济增长乏力、财政收入增速降低、群众增收难度加大。一是地方经济

增速放缓。民族地区招商引资难度大、项目落地少、社会投资持续回落、民族地区二三产业发展乏力，导致群众收入低且不稳定，收入渠道单一，增收手段减少。甘南州第二产业产值由 2013 年的 28.55 亿元下降到了 2016 年的 21.8 亿元，同比下降了 24%，产业发展不景气直接影响群众增收。二是农产品价格低且不稳定。由于市场需求低迷等因素的影响，民族地区农畜产品销售价格低且不稳定，直接影响了群众增收，群众通过农业增收异常艰难。2016 年底，甘南州 7 户重点农畜产品加工企业中，除 2 家企业增加值增长外，其余均有不同程度下降。三是劳务输出需求减少。因社会投资持续回落，一些企业和用工单位本身业绩下滑，用工需求减小，直接导致民族地区劳务输出量下降。由于民族地区劳动力受教育年限短，文化素质低，大多外出从事简单体力劳力，受经济增速放缓的影响，再就业和再创业十分困难，直接导致收入减少，而外出务工收入是农民收入的重要来源之一。

（三）产业结构未得到有效调整

长期以来，甘肃民族地区受自然条件、教育水平、传统产业发展模式等因素影响，产业化程度低、产业结构单一、与市场联系不紧密等始终是民族地区产业发展和产业调整最主要的问题。随着供给侧结构性改革力度的不断加大，一些传统产业发展已明显不适应供给侧改革和产业结构调整的要求。一是群众接受新型产业的意愿不强。受保守的思想观念、教育水平等因素的影响，民族地区群众对于当前一些新兴产业的接受和适应能力很弱，特别是从事传统产业的地区，如甘南州，受传统观念影响，畜牧业发展方式粗放，仍然延续传统散养发展模式，群众对新兴的设施畜牧业和专业养殖合作社等发展模式接受能力弱。二是发展新兴产业难度大。民族地区对于新兴产业发展的认知程度不够深入，对发展新兴产业所带来的经济效益还未深切体会，加之人才缺乏，对发展新兴产业的积极性很低。设施农业、设施畜牧业、现代旅游业等新兴产业在民族地区发展均属于起步阶段，全面调整产业结构，持续推动新兴产业发展难度很大。三是产业发展与市场融合度不够高。民族地区产业发展受信息、交通的影响，农产品难以转化为商品，产业发展与市场需求融合度不够高。农业合作社作用尚未凸显，“公司＋农户”等新型产业方式不多，农户对市场了解不够，信息不对称，造成生产与市场脱节。

（四）资金投入严重不足

甘肃民族地区与其他地区在农村道路、城市建设、公共服务等建设方面差距较大，关键在于历史欠账多，建设资金投入不足。一是基础设施建设资金缺口大。资金不足是导致地区基础设施落后的最突出问题。由于民族地区基础设施建设成本高，而自身财政拮据，造成路网密度及技术等级低、路况差，发展不均衡。甘南州仍有19个行政村不通沥青（水泥）路，95个自然村不通公路。天祝县计划开建的干城至西沟公路、高坝至祁连、祁连至冰沟河3条公路资金缺口达到3亿元以上。水利和电网建设方面存在同样问题，农村饮水工程建设，按照补助标准为中央514元/人、省级125元/人，但由于农村人口数量少、居住分散等多种原因，实际建设资金远大于补助资金数，其余资金同样需要地方或群众自筹解决。二是教育、卫生等公共事业经费紧张。民族地区大多数县区属于国扶贫困县，经济发展滞后，财力困难，要加大教育投入，只能依靠中央和省补助资金，学生居住分散，教育成本高。东乡县全县有24个乡镇、1893个合作社、33万人分散居住在1750条梁峁和3083条沟壑中，要达到教育设施建设全覆盖，任务非常艰巨。民族地区医疗服务机构不健全，医疗服务能力弱，大多数村无医疗室、乡镇卫生院医疗水平低等问题十分突出。与其他地区相比，民族地区门诊、就医量少，医院收入很低，自我发展能力不强。三是危旧房改造自筹能力弱。危旧房改造在实际改造中因补助资金少、地方财力困难、群众自筹力弱等问题，大部分地区危旧房改造资金缺口较大。甘南州尚有 13000 户危房亟待改造，除中央和省级补助资金外，地方无力筹集资金。

2016年青海省民族地区经济运行情况

2016年，青海省深入贯彻党的十八大和十八届三中、四中、五中、六中全会精神，以习近平总书记系列重要讲话，特别是视察青海时的重要讲话精神为指引，统筹推进“五位一体”总体布局和协调推进“四个全面”战略布局，坚持稳中求进工作总基调，牢固树立五大发展理念，全面落实“四个扎扎实实”重大要求，主动适应经济发展新常态，积极推进供给侧结构性改革，奋力开启“十三五”新征程。全年青海经济社会发展总体平稳、稳中有进，但经济发展中也面临一些困难。

一、青海经济总体运行平稳、稳中有进

经济平稳增长。2016年，青海实现地区生产总值2572.49亿元，按可比价格计算，同比增长8.0%。其中，第一产业增加值221.19亿元，同比增长5.4%；第二产业增加值1249.98亿元，同比增长8.5%；第三产业增加值1101.32亿元，同比增长8.0%。

就业形势总体稳定。2016年，青海城镇新增就业6.35万人，比上年增加0.11万人；年末城镇登记失业率为3.1%，较上年末下降0.1个百分点。

居民消费价格平稳运行。2016年，青海居民消费价格（CPI）总水平同比上涨1.8%，涨幅创近十年来新低，低于全国0.2个百

分点。分类别看，居住类价格同比上涨5.2%，食品烟酒类价格同比上涨2.3%，医疗保健类同比上涨2.6%，其他用品和服务类同比上涨2.4%，衣着类同比上涨1.2%，教育文化和娱乐类同比上涨0.6%，生活用品及服务类价格同比上涨0.4%，交通和通信类价格下降2.7%。

（一）农牧业生产稳中有增

2016年上半年青海出现多次降水天气过程，主要集中在农业区，是35年来同期降水最早、最多、最广的年份，土壤墒情较好，为农作物种植和生长创造了有利条件。5—8月，虽然局部地区遭受了低温、霜冻、干旱、洪涝、冰雹等自然灾害，但发生面积和危害程度较小，种植业总体保持了平稳发展的态势。2016年，青海农作物总播种面积561.33千公顷，同比增长0.5%。粮食作物播种面积281.05千公顷，同比增长1.4%。其中，小麦播种面积86.27千公顷，同比下降2.2%；玉米26.62千公顷，同比下降3.2%；青稞45.43千公顷，同比增长5.2%；豆类28.5千公顷，同比增长6.3%；马铃薯93.11千公顷，同比增长3.3%。全年粮食总产量103.45万吨，同比增长0.7%；油料产量30.04万吨，同比下降1.5%；蔬菜及食用菌产量170.02万吨，同比增长2.2%；枸杞产量6.56万吨，同比增长11.7%；水产品产量1.21万吨，同比增长13.9%。

由于2015年冬到2016年春青海牧区没有出现大的灾害性天气，枯草期草料储备充足，后期牧草长势良好，气温正常，母畜繁殖情况稳定，成幼畜死亡率低，牲畜出栏和畜产品产量有所增加，青海畜牧业生产保持平稳发展。2016年末，青海牛存栏483.68万头，同比增长6.2%；羊存栏1390.68万只，同比下降3.1%；猪存栏123.6万头，同比增长4.4%；家禽存栏299.9万只，同比增长7.6%。2016年，青海牛出栏125.23万头，同比增长8.4%；羊出栏676.22万只，同比增长3.0%；猪出栏138.34万头，同比增长0.6%；家禽出栏463.33万只，同比增长7.8%。全年青海猪牛羊肉产量34.66万吨，同比增长3.9%；牛奶产量33.00万吨，同比增长4.8%。

（二）工业生产平稳增长

2016年，青海规模以上工业增加值比上年增长7.5%①。

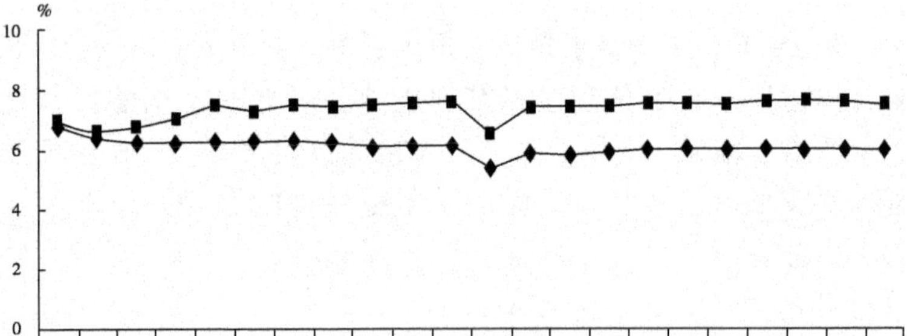

	2015年1—2月	1—3月	1—4月	1—5月	1—6月	1—7月	1—8月	1—9月	1—10月	1—11月	1—12月	2016年1—2月	1—3月	1—4月	1—5月	1—6月	1—7月	1—8月	1—9月	1—10月	1—11月	1—12月
■ 青海	6.9	6.6	6.7	7.0	7.5	7.3	7.5	7.4	7.5	7.5	7.6	6.5	7.4	7.4	7.4	7.5	7.5	7.5	7.6	7.6	7.6	7.5
◆ 全国	6.8	6.4	6.2	6.2	6.3	6.3	6.3	6.2	6.1	6.1	6.1	5.4	5.8	5.8	5.9	6.0	6.0	6.0	6.0	6.0	6.0	6.0

图1　规模以上工业增加值累计增速示意图

（2015年1—12月至2016年1—12月）

从行业看，7成以上行业较上年实现增长。2016年，青海规模以上工业37个大类行业中26个行业增加值超过上年，增长面达70.3%。轻工业保持两位数增长。2016年，规模以上轻工业增加值同比增长13.6%，拉动规模以上工业增加值增长2.4个百分点。其中，农副食品加工业，食品制造业，酒、饮料和精制茶制造业，文

---

① 规模以上工业企业统计口径为年主营业务收入2000万元及以上的工业企业。

教、工美、体育和娱乐用品制造业4个行业保持较快增长。重工业平稳增长。规模以上重工业增加值同比增长6.2%，拉动规模以上工业增加值增长5.1个百分点。其中，化学原料和化学制品制造业、非金属矿物制品业、煤炭开采和洗选业3个行业保持两位数增长；有色金属冶炼和压延加工业、石油加工炼焦业、石油和天然气开采业3个行业保持平稳增长。

表1　2016年青海规模以上工业主要行业增加值增速统计表（单位:%）

行业	2016年
规模以上工业	7.5
有色金属冶炼及压延加工业	4.9
电力、热力生产和供应业	0.7
化学原料和化学制品制造业	12.1
石油和天然气开采业	3.6
石油加工、炼焦业	3.6
非金属矿物制品业	13.6
黑色金属冶炼及压延加工业	-4.7
电气机械和器材制造业	47.5
农副食品加工业	18.1
酒、饮料和精制茶制造业	24.8
有色金属矿采选业	4.1
医药制造业	-11.0
文教、工美、体育和娱乐用品制造业	20.7
食品制造业	26.8
非金属矿采选业	1.6

续表

行业	2016 年
纺织服装、服饰业	3.7
煤炭开采和洗选业	12.4
纺织业	7.2
通用设备制造业	64.9

从生产要素看，一是工业生产者出厂价格累计降幅持续收窄。受煤炭、有色金属等行业价格上涨的带动，2016 年 10 月起，青海工业生产者出厂价格改变同比下降局面，呈上涨态势，其中 12 月当月比 11 月上涨 3.5%，同比上涨 13.7%；全年平均同比下降 1.5%，降幅较上年收窄 5.4 个百分点。二是工业用电量降幅收窄。2016 年青海工业用电量同比下降 4.2%，降幅比上年收窄 6.1 个百分点。三是货物运输量呈现平稳增长态势。2016 年，青海铁路货物运输量同比增长 3.8%；公路货运量同比增长 6.1%。四是产销率稳定。2016 年青海规模以上工业产销率为 94.0%。

特色优势工业产品产量保持较快增长。全年青海规模以上工业中，单晶硅、多晶硅、锂离子电池、制帽、机制地毯挂毯等特色优势产业产品产量保持较快增长。

（三）固定资产投资平稳增长

2016 年，青海完成全社会固定资产投资 3533.19 亿元，同比增长 10.9%，其中 500 万元及以上固定资产投资 3455.51 亿元，同比增长 9.9%。

民间投资增速高于全国。自 2016 年 9 月起，青海民间投资扭转了同比下降的局面，实现增长，后几个月增幅不断提高。全年青海民间投资完成 1212.08 亿元，同比增长 9.4%，增速较上年提升 14.2 个百分点，高于全国 6.2 个百分点。第三产业投资快速增长。

2016年，青海第一产业完成固定资产投资159.56亿元，同比增长7.4%；第二产业投资1302.67亿元，同比下降10.9%（2015年同比增长14.5%）；第三产业投资2070.96亿元，同比增长31.5%，增速较上年提升21.2个百分点。在第三产业项目投资中，科学研究和技术服务业投资增长2.3倍，金融业投资增长1.9倍，住宿和餐饮业投资增长70.9%，文化体育和娱乐业投资增长66.3%，交通运输、仓储和邮政业投资同比增长40.4%，水利、环境和公共设施管理业投资同比增长39.5%，教育业投资同比增长22.5%，居民服务和其他服务业投资同比增长23.4%。

房地产开发投资实现较快增长。2016年，青海房地产开发投资完成396.92亿元，同比增长18.1%，增速较上年提升9.1个百分点。其中，商品住宅投资同比增长13.1%（其中90平米以下住宅投资同比增长36.7%），商业营业用房投资同比增长48.6%，办公楼（含写字楼）投资同比下降13.2%。2016年，青海房地产开发房屋施工面积同比增长10.1%（其中本年新开工房屋施工面积增长10.8%），商品房销售面积同比增长11.4%，商品房销售额同比增长14.8%。

（四）消费品市场平稳运行

2016年，青海实现社会消费品零售总额767.30亿元，同比增长11.0%。

分规模看，限额以上企业（单位）零售额364.44亿元，同比增长9.6%，限额以下单位（个体户）零售额402.86亿元，同比增长12.4%[①]。分城乡看，城镇实现零售额666.31亿元，同比增长11.0%；乡村实现零售额100.99亿元，同比增长11.3%。分消

① 限额以上批发业包括年主营业务收入在2000万元及以上的批发业企业（单位）；限额以上零售业包括年主营业务收入在500万元及以上的零售业企业（单位）；限额以上住宿、餐饮业包括年主营业务收入在200万元及以上的住宿、餐饮业企业（单位）。

费形态看，餐饮收入61.96亿元，同比增长9.9%；商品零售705.34亿元，同比增长11.1%。

在限额以上批发和零售业商品销售中，粮油、食品类零售额同比增长14.5%（其中肉禽蛋类增长29.0%，干鲜果品类增长19.9%），服装、鞋帽、针纺织品类同比增长6.9%，烟酒类同比增长6.1%，化妆品类同比增长8.2%，汽车类同比增长20.7%，石油及制品类同比增长9.2%；金银珠宝类同比下降9.7%。

（五）旅游人次、收入较快增长

2016年，青海接待国内外游客2876.92万人次，同比增长24.3%，增速较上年提升8.8个百分点；实现旅游总收入310.30亿元，同比增长25.1%，增速较上年提升2.3个百分点。其中，接待国内游客2869.91万人次，同比增长24.3%，实现国内旅游收入307.24亿元，同比增长25.1%；接待入境游客7.01万人次，同比增长6.8%，实现旅游外汇收入4415.67万美元，同比增长13.9%。

（六）进出口贸易额下降

2016年，青海完成货物进出口总值100.78亿元，同比下降15.9%。其中，出口总值90.29亿元，同比下降11.2%；进口总值10.49亿元，同比下降42.1%。在货物出口总值中，服装及衣着附件出口额增长1.1倍，纺织纱线、织物及制品出口额同比增长14.7%，鞋类出口额同比增长35.1%。

（七）财政、金融运行平稳

2016年，青海完成公共财政预算收入359.96亿元，同比增长7.7%。其中，地方公共财政预算收入238.43亿元，同比增长8.3%；上划中央收入121.54亿元，同比增长6.6%。从主要税种看，营业税同比增长69.1%，增值税同比增长28.8%，个人所得税同比增长12.4%，企业所得税同比下降18.6%，消费税同比下降4.3%，资源税同比下降32.3%。青海完成公共财政预算支出1522.55亿元，同比增长0.5%。

2016年12月末，青海金融机构人民币各项存款余额5570.17亿元，比年初增加357.27亿元，同比增长6.9%。其中，住户存款余额2002.42亿元，同比增长10.2%；非金融企业存款余额1642.42亿元，同比增长0.6%；广义政府存款余额1885.57亿元，同比增长9.9%。金融机构人民币各项贷款余额5579.76亿元，比年初增加591.74亿元，同比增长11.9%。其中，住户贷款余额518.38亿元，同比增长15.2%；非金融企业及机关团体贷款余额5059.92亿元，同比增长11.5%。

（八）客货运输量保持增长

2016年，青海完成货物运输量16883.45万吨，同比增长5.8%。其中，铁路货运量2833.72万吨，同比增长3.8%；公路货运量14047.20万吨，同比增长6.1%；民航货运量25348.40吨，同比增长8.8%（其中出港货邮增长24.8%）。在铁路运输的主要货物中，运输量增长的有：农副土特产品增长3.7倍，焦炭增长2.0倍，水泥同比增长45.5%，煤同比增长38.7%，盐同比增长15.4%，食品和烟草制品同比增长8.3%，钢铁、有色金属同比增长8.1%，石油同比增长7.9%；运输量下降的有：医药品同比下降15.7%，粮食同比下降9.5%，钾肥同比下降26.0%，金属矿石同比下降2.7%。

2016年，青海完成客运量6444.20万人，同比增长6.8%，其中，铁路客运量994.06万人，同比增长6.2%；公路客运量4873.30万人，同比增长6.0%；民航客运量510.70万人，同比增长17.8%（其中民航出港旅客增长19.5%）。

（九）城乡居民收入稳步增长

2016年，青海全体居民人均可支配收入17302元，同比增长9.4%，高于全国1.0个百分点。其中，城镇常住居民人均可支配收入26757元，同比增长9.0%；农村常住居民人均可支配收入8664元，同比增长9.2%，分别高于全国1.2和1.0个百分点。

2016年，青海全体居民人均生活消费支出14775元，同比增长8.5%。其中，城镇常住居民人均生活消费支出20853元，同比增长8.6%；农村常住居民人均生活消费支出9222元，同比增长7.7%。

（十）工业生产者出厂价格降幅收窄

2016年，青海工业生产者出厂价格同比下降1.5%，降幅较上年回落5.4个百分点，高于全国0.1个百分点。从类别看，生产资料价格同比下降1.8%，生活资料价格同比上涨0.5%。从行业看，工业生产者出厂价格34个工业大类行业呈“十七升一平十六降”格局。其中，涨幅居前三位的依次是煤炭开采和洗选业价格同比上涨9.8%，有色金属冶炼和压延加工业同比上涨7.1%，文教、工美、体育和娱乐用品制造业同比上涨3.8%；降幅居前三位的依次是石油和天然气开采业同比下降29.1%，石油加工、炼焦业同比下降12.0%，燃气生产和供应价格同比下降9.2%。

二、当前经济运行面临的突出困难

2016年，青海经济稳中有进，经济结构逐步调整优化、“进”的积极效应在扩展，但经济发展的外部环境没有明显改观，青海经济下行压力仍较大。

工业依然是保持稳增长最困难的行业。工业生产者出厂价格仍处于下降区间，工业生产后劲不足，工业企业实现利润大幅减少。

固定资产投资保持较快增长压力大。投资后续动力不足，工业投资增长乏力。

新兴服务业发展不足。从青海第三产业内部结构分析看，占比较大的仍是公共管理社会保障和社会组织、批发零售贸易业、交通运输仓储邮政业等传统行业，新兴产业主要依靠金融业，其他行业（如信息传输软件和信息技术服务业、科学研究和技术服务业等）占比较低。

收入保持增长难度加大。财政收支矛盾突出，企业效益下滑，青海地方财政收入增长乏力，而民生等财政刚性支出不减，收支矛盾凸显。居民持续增收难度加大。受市场需求不振等因素影响，企业开工和用工不足，农民工外出务工难，城乡居民持续增收难度加大。

2016年宁夏回族自治区经济运行情况

2016年是“十三五”规划的开局之年，是推进供给侧结构性改革和脱贫攻坚的起步之年，也是宁夏经济下行压力持续加大、矛盾困难不断增多的一年。宁夏深入贯彻党的十八大和十八届三中、四中、五中、六中全会精神，牢固树立新发展理念，全面落实习近平总书记系列重要讲话特别是来宁视察重要讲话精神，坚持稳中求进工作总基调，牢固树立新发展理念，通过推进供给侧结构性改革和“6+4”工作机制，积极应对经济下行压力与结构性矛盾的挑战，稳增长、促改革、调结构、惠民生、防风险各项工作统筹推进，宁夏经济发展呈现“稳中有升、稳中有进、稳中向好”的运行态势，实现了“十三五”良好开局。

一、全年经济运行情况

（一）经济运行稳中向好，经济结构进一步优化

宁夏综合施策，打好稳增长组合拳，经济增长呈现逐季回升态势。2016年，宁夏实现生产总值3150.06亿元，按可比价格计算，同比增长8.1%。其中，第一产业增加值239.96亿元，同比增长4.5%；第二产业增加值1475.51亿元，同比增长7.8%；第三产业增加值1434.59亿元，同比增长9.1%。按常住人口计算，宁夏人

均生产总值 46919 元，同比增长 7.0%。三次产业增加值构成由 2015 年的 8.2∶47.4∶44.4 调整为 2016 年的 7.6∶46.8∶45.6。三次产业对经济增长的贡献率分别由 2015 年的 4.2%、57.8% 和 38.0% 转变为 2016 年的 4.5%、45.5% 和 50.0%。“1+4”农业特色优势产业提质增效，占农业总产值的比重达到 86.5%；现代纺织、生物医药加快发展，轻工业占规模以上工业增加值的比重提高 1.5 个百分点，高耗能工业比重下降 0.5 个百分点。新能源综合示范区建设成效显著，新能源装机占全区电力装机比重达到 41%。

（二）重大项目建设取得历史性突破，投资实现较快增长

认真落实“6+4”“三重一改”工作机制，深入开展项目建设审批、预算内资金拨付、重点项目开工、项目应统尽统“四项清零行动”，压实项目投资主体责任，形成工作合力。宁夏 60 个重点项目的 74 个子项中 73 个全部开工，中卫至兰州高铁具备开工条件，投资完成额创历史新高。全球单套投资项目规模最大、装置最大、拥有自主知识产权的 400 万吨煤制油项目建成投产，宁东至浙江特高压直流输电工程、中南部城乡饮水安全水源及连通工程和河东国际机场三期建成投运，银川至西安高铁全线开工。干塘至武威南增建二线、青兰高速东山坡至毛家沟段、固原至西吉高速公路以及兵沟、滨河、永宁 3 座黄河大桥建成通车，黄河宁夏段二期防洪工程、中部干旱带脱贫攻坚水源工程和盐环定扬黄泵站更新改造工程加快建设。全年争取中央预算内资金 54 亿元，落实国家专项建设基金前两批 129 亿元。2016 年，完成固定资产投资 3880 亿元，同比增长 10% 左右，为稳增长发挥了重要作用。

（三）“双创”活动深入开展，新经济新动能加快孕育

制定、完善推进“大众创业、万众创新”的若干政策文件，不

断释放发展动力，促进新旧动能转换。宁夏各类创业园区（孵化基地）达到217家，培育小企业3775个，新增市场主体9.6万户，创业带动就业6.4万人。与全国同步举办宁夏“双创”活动周，开展“双创”活动41场，参与人数5万余人。全面落实科技创新驱动战略，新培育科技创新型企业141家，新增国家地方联合工程实验室3家，新组建自治区级科技创新平台30家，在现代煤化工、3D打印、机器人等方面取得了一批重大关键技术成果，登记技术合同742项，交易额3.92亿元。共享装备公司被列入国家首批“双创”示范基地，并获批成为全国首个智能铸造产业创新中心；吴忠市成为西部唯一“中国制造2025”试点示范城市，夏进乳业和青铝集团等成为国家级“两化”融合典型示范企业；中卫云数据中心和中兴智慧银川大数据中心成为国家首批绿色数据中心试点。

（四）重点领域改革不断深化，发展活力持续释放

供给侧结构性改革扎实推进。提前超额完成了煤炭去产能任务，关闭煤矿11处，退出产能554万吨；通过保障房货币化安置、支持农民进城购房等措施，减少商品房库存150多万平方米，房地产去库存周期同比底缩短2.3个月；“营改增”、输配电价、非居民用天然气价格等改革全面落地，阶段性降低社会保险费率，下调社会保险缴费基数，在宁东、中宁等6个重点工业园区实施了低成本改造，累计为企业减负90亿元。投融资体制改革继续深化。首家全国性保险机构挂牌成立，新引进民生银行等金融机构35家。新增挂牌企业243家，融资总规模达到1625亿元。新发地方政府债券366.6亿元，开工建设或建成PPP示范项目49个，总投资1417.3亿元，带动民间投资增长14.5%，增幅位居全国前列。银行业金融机构贷款加权平均利率较上年末回落1.1个百分点。行政审批、商事制度、国企国资、农业农村、生态文明、公车改革等成效明显，部分经验在全国推广。电力体制、农垦、供销社和国有林

场改革等稳步推进。

（五）主动融入“一带一路”，对外合作不断深化

认真落实开放宁夏建设意见，深入推进内陆开放型经济试验区建设，对外开放新格局初步形成，开放平台效益逐步显现，对外合作不断深化，开放通道更加畅通。与130多个国家和地区保持经贸文化交流合作，与39个国家的52个地方政府建立了国际友城关系，与内蒙古、陕西、甘肃、贵州等省区开展了区域合作；成功举办外交部推介宁夏、中阿博览会走进埃及、中美旅游高层对话、中国（宁夏）国际旅游博览会等重大活动；中国—阿曼（杜古姆）产业园和中国—沙特（吉赞）产业园列入2016年国家重点推动建设的20个国际产能合作示范区，宁夏跨境电子商务监管服务系统投入试运行，跨境电商交易额增长43.2%。新设外商投资企业18家，实际利用外资增长36%；银川河东国际机场国家和地区航线达到12条，国内省会城市直飞率达到86%。旅客吞吐量突破655万人次，同比增长18%。“中阿号”国际货运班列实现常态化运行，中阿网上丝绸之路经济合作试验区暨宁夏枢纽工程获国家批复。

（六）新型城镇化稳步推进，城乡统筹发展势头良好

召开自治区城市工作会议，制定出台统筹城乡发展多项政策措施，启动了省级空间规划和“多规合一”试点。常住人口城镇化率达到56.2%。组织实施基础设施、生态环境、公共服务、主导产业等城镇化项目400个，建成美丽小城镇29个，美丽村庄138个，改造老旧小区550万平方米、棚户区住房6.35万套、危窑危房3.18万户，拆除违章建筑8.78万平方米，城乡面貌进一步改观。出台建设项目配建停车场（库）标准，建成社会公共停车场13个、停车泊位5万个。灵武市、平罗县等8个市县数字化城管系统投入使用，银川市、固原市分别跻身国家综合管廊和国家海绵城市试

点，银川市、盐池县、惠农区红果子镇被国家列为第三批国家新型城镇化综合试点，镇北堡镇、泾河源镇成为国家首批特色小城镇。

（七）脱贫攻坚首战告捷，民生工作继续加强

按照“五个一批”路径，启动实施脱贫攻坚13项行动计划，建立建档立卡贫困户精准脱贫机制，推进“十三五”易地扶贫搬迁工程，全年脱贫销号贫困村249个，减少贫困人口19.3万人，建设或回购移民住房1.1万套。国家东西部扶贫协作座谈会在银川召开，习近平总书记对闽宁合作模式给予高度评价。加大民生投入，民生支出占财政总支出的70%以上。30项民生实事全部完成，改造义务教育薄弱学校653所，新建、改建幼儿园70所，免除2.8万贫困学生学杂费，新建养老服务机构58个，解决了113万群众的吃水问题。提高城乡居民基本医疗保险补助、退休人员养老金、最低生活保障等标准，开展了政府购买学前教育服务试点，取消了县级公立医院药品加成，在全国率先实现基本医疗省级统筹和基本医疗保险、大病保险联网即时结算，社会保障能力和基本公共服务水平明显提升。城乡常住居民人均可支配收入同比分别增长8%和9%，与经济增长基本保持同步。

（八）美丽宁夏建设深入推进，生态环境持续改善

宁夏印发了《关于落实绿色发展理念加快美丽宁夏建设的意见》《自治区环境保护督察方案（试行）》和《党政领导干部生态环境损害责任追究实施细则（试行）》等重大政策措施。开展了“蓝天碧水·绿色城乡”专项行动，一手抓生态建设，一手抓环境保护。深入实施退耕还林还草、三北防护林、天然林保护等重大生态林业工程，完成营造林121万亩，治理荒漠化面积54.6万亩、水土流失面积871平方公里。认真整改中央环保督查组反馈意见，加强大气、水、土壤污染综合治理，实施治污项目386个。对1005

万千瓦火电机组进行了超低排放改造，淘汰燃煤锅炉511台、黄标车老旧车3.6万台，城市空气质量优良天数同比增加6天，优良天数比例为75.3%；开展黄河支流、入黄排水沟、城市黑臭水体综合治理，黄河宁夏段Ⅲ类良好水质以上断面达到100%。

二、全年经济运行中存在的主要问题

总的来看，2016年，宁夏经济社会发展计划执行情况良好。在外部环境严峻复杂的情况下，取得以上成绩实属不易。同时，还存在一些较为突出的问题和矛盾。

一是新旧动能转换不畅。新经济、新产业增势强劲，但规模小，尚不足以替代传统增长动力，经济，尤其是工业增长主要依靠传统产业带动的局面短期内难以改变。加快结构调整，促进传统产业提质增效、积极培育壮大新经济新动能仍将是宁夏经济发展的主要任务。

二是实体经济发展面临不少困难。受市场供求关系不平衡、生产成本偏高、企业核心竞争力不强等因素制约，一些“原”字头、“初”字头的工业企业整体盈利能力依然较弱，企业经营困难、效益下滑的状况没有根本好转，经济增长的基础不稳固。

三是城乡收入增长缓慢。在经济下行压力加大、企业效益下滑、就业结构性矛盾凸显及农产品价格波动的情况下，城乡居民收入增长的途径不多，实际收入水平下降。同时，居民收入增速放缓也反过来制约了消费能力的提高，影响消费增长。

四是部分领域的风险仍然存在。房地产库存偏高，个别县区地方债务规模较大，部分企业还款能力下降，银行业金融机构不良贷款率有所上升，潜在的金融风险没有消除。此外，城乡山川发展不平衡、创新型人才短缺和创新能力不强、研发科技经费投入不足等问题也比较明显，需要引起高度重视并下大力气认真解决。

2016年新疆维吾尔自治区经济运行情况

2016年，在以习近平同志为核心的党中央坚强领导下，在国家各部委和19个援疆省市的大力支持下，新疆认真贯彻党的十八大，十八届三中、四中、五中、六中全会和中央经济工作会议精神，全面落实自治区第九次党代会、自治区深入贯彻落实习近平总书记关于新疆工作总目标再动员会议等系列会议的决策部署，坚持以社会稳定和长治久安总目标为引领，统筹推进稳增长、促改革、调结构、防风险、惠民生、补短板各项重大任务，国民经济呈现“缓中趋稳，稳中向好”的态势。2016年，新疆地区生产总值9617.23亿元，同比增长7.6%，高于全国平均水平；规模以上工业增加值完成2440.94亿元，同比增长3.7%；一般公共预算收入1299亿元，同比下降2.4%；固定资产投资（不含农户）9983.86亿元，同比下降6.9%；社会消费品零售总额2825.9亿元，同比增长8.4%；进出口总额179.63亿美元，同比下降8.7%；城镇居民人均可支配收入28463.4元，同比增长8.3%；农村居民人均可支配收入10183.2元，同比增长8%；居民消费价格指数同比上涨1.4%，低于3%调控预期目标；城镇新增就业人数45.5万人，城镇登记失业率控制在4.5%以内。

一、国民经济运行良好，结构优化取得明显成效

面对严峻复杂的形势，新疆上下认真贯彻落实中央各项决策和自治区党委工作部署，及时采取措施应对经济下行压力，使经济运行保持在合理区间。

产业结构持续转型升级。农业生产保持稳定，全年粮食总产达1512.28万吨，与2015年基本持平；油料、甜菜作物产量分别达到75.89万吨、554.99万吨，同比分别增长21%、24%；肉类产量160万吨，同比增长2.67%。第一产业增加值1648.97亿元，同比增长5.8%。工业结构进一步优化，纺织服装、化学、有色、农产品加工等产业形势喜人，同比分别增长48.7%、12%、9.8%、10.5%；能源、钢铁、水泥等重点行业深度调整，非石油工业、非公有制经济、地方经济、中小微企业比重进一步提高，战略性新兴产业占地区生产总值比重达到7%左右。第二产业增加值3585.22亿元，同比增长5.9%。服务业支撑力增强，房地产、金融、批发零售等传统服务行业稳定增长，软件和信息、文化、体育、商务等业态表现良好，旅游业发展强劲，自驾游等20类旅游新业态取得新进展，2016年共接待国内外游客8100万人次，同比增长32.9%，国内外游客消费1400亿元，同比增长37%。第三产业增加值4383.04亿元，同比增长9.7%，占地区生产总值比重提高到45.6%，对经济增长贡献率达到57.3%。

有效需求促增长动力不断增强。投资增速总体回落，第一、第三产业增势较好，服务业投资比重上升，纺织服装类投资快速增长，工业投资总体有所下降。固定资产投资（不含农户）完成9983.86亿元，同比下降6.9%。消费品市场稳定增长，乡村消费市场增长继续快于城镇，批发零售业、商品房销售增势良好，住宿餐饮业增速继续回升。社会消费品零售总额2825.9亿元，同比增

长8.4%。进出口贸易降幅收窄，边境贸易保持增长，一般贸易、加工贸易、旅游购物有所下滑，服装、纺织、箱包等出口增长，纺织机械、纸浆、铜进口快速增长。

二、全力扩大有效投资，重大项目建设扎实推进

充分发挥投资稳增长的关键作用，强化落实投资项目，加快推进重大基础设施和重点项目建设。2016年，争取中央预算内补助投资288.46亿元，比上年增加45.46亿元，同比增长18.6%，在全国各省区市位列第一位；落实2016年三批国家专项建设基金合计517.16亿元，比上年增加320.16亿元，同比增长162.5%，超额完成了年初确定的300亿元的任务，有效解决铁路项目、民航项目、地铁项目、水利项目等重大项目地方资本金配套不足的问题。自治区重点项目推进顺利，72项重点项目实现新开工建设，提前超额完成新开工60个项目的年度目标任务，全年完成投资3085.6亿元，一批水利、交通、能源等重大项目建设取得突破。

水利项目建设方面，叶尔羌河防洪工程、阿尔塔什水利枢纽工程、卡拉贝利水利枢纽工程等30个续建水利项目加快建设。头屯河楼庄子水库、皮山县阿克肖水库、吐鲁番大河沿子引水工程等9个水利项目实现新开工。阿克苏地区大石峡水利枢纽工程、喀什地区莫莫克水利枢纽工程等11个项目前期工作基本完成。

交通项目建设方面，北屯至阿勒泰铁路、乌鲁木齐新客站、红柳河至淖毛湖铁路、克塔一期百口泉至铁厂沟东段铁路等5个铁路项目建成投产；库尔勒至格尔木铁路、乌鲁木齐市轨道交通一号线、二号线一期工程等5个续建项目加快建设；和田至若羌铁路、乌鲁木齐至伊宁至霍尔果斯口岸高速铁路等10个项目列入《国家“十三五”铁路发展规划》。喀什至疏勒高速公路、明水至哈密高速公路等30个续建公路项目加快建设；G30乌鲁木齐至奎屯高速

公路改扩建、G216线白杨沟至巴伦台段公路等17个公路项目实现新开工建设。且末机场迁建工程、和田机场改扩建工程建成投运；莎车机场、若羌机场、库尔勒机场改扩建工程3个续建项目顺利实施；塔城机场改扩建工程、阿勒泰机场改扩建工程、吐鲁番机场保障能力提升工程3个民航项目实现新开工建设，一年在建8个机场项目，开创了新疆民航项目建设“先河”。

能源项目建设方面，加快实施“疆电外送”工程，建成投运三塘湖—哈密北等750千伏输变电工程；准东—华东（皖南）±1100千伏高压直流输电工程及其配套1320万千瓦电源项目加快建设，积极推动“疆电外送”第三条通道哈密北—湖北荆门±800千伏高压直流输电工程前期工作。2016年，外送电量346亿千瓦时，同比增长21.1%。稳步推进疆内电力建设，严格控制新增火电产能，进一步完善750千伏主网架及配电网建设，建成五彩湾—岌岌湖—三塘湖、伊犁—库车750千伏输变电工程，加快乌北—准北等750千伏输变电工程建设。截至2016年年底，电网装机容量达7600万千瓦，同比增长15%。启动“电气化新疆”工程，加快乌鲁木齐、阿勒泰、塔城等地风电供暖示范项目及阜康4×30万千瓦抽水蓄能电站建设，实现风电清洁供暖143万平方米；启动乌鲁木齐、吐鲁番、哈密等地电动汽车充电设施建设。

三、深入推进供给侧结构性改革，经济发展活力增强

切实推进“三去一降一补”，有效化解钢铁煤炭过剩产能，全面完成压减炼钢产能90万吨全年目标任务；关闭煤矿21个，合计产能274万吨，完成年度目标任务的115%。商品房库存稳步下降，2016年，商品房库存面积4755万平方米，较上年底减少663万平方米，同比下降12.14%。巩固延伸“放、管、服”改革成果，取消中央指定地方政府部门实施的共计207项行政审批事项，公布并

实施自治区本级52个政府部门行政权力清单和责任清单。大力推进应用投资项目在线审批监管平台，已入库项目5924个，其中符合受理条件的项目2883个，已办结项目2590个、办结率达90%，大幅提高了政府投资项目审批效率。推进商事制度改革政策，启动了“五证合一、一照一码”改革，推动统一社会信用代码制度建设。积极推进行业协会商会与行政机关脱钩改革试点，确定首批试点单位230个。全面推进“营改增”改革，降低企业职工基本养老保险费率以及煤炭、钢铁运输车辆计重收费标准，降低企业自备电厂系统备用费标准，停征重大水利工程建设基金，清理整顿中介服务收费、行业协会商会涉企收费，2016年为企业降低成本约200多亿元。

四、加强价格管理工作，价格总体水平保持稳定

深入推进价格机制改革。加快电价市场化改革，启动输配电价改革试点，实施水泥生产企业用电阶梯电价政策，研究制定促进电力消纳的电价政策，扩大直购电规模和范围，2016年全年完成直购电交易103.2亿千瓦时。持续推进棉花目标价格改革试点，积极探索市场定价、价补分离的路子，有力促进新疆纺织产业发展。稳步推进自治区农业水价综合改革，调整自治区直属流域管理机构水利工程供水价格，积极推进城镇居民阶梯水价制度改革和污水处理费改革。加快推进排污权有偿使用和交易试点。大力整顿市场价格秩序，开展物业服务及停车场收费、电力价格等重点领域、重点行业的专项整治行动。全年共查处各类价格违法案件419件（其中百万元以上案件8件），经济制裁2073.78万元；接待价格咨询、受理来电来访1.37万件，办结1.33万件，办结率达97.1%。

五、加快丝绸之路经济带核心区建设，对外开放水平不断提升

不断完善政策规划体系，印发实施《新疆建设丝绸之路经济带的指导意见》，编制完成《中国新疆与巴基斯坦合作规划纲要(2016—2020年)》。编制完成核心区五大中心等专项规划。乌鲁木齐集装箱中心站等一批标志性工程陆续建设投产使用。加快对外开放平台建设，推进乌鲁木齐国际陆港区建设，乌鲁木齐多式联运海关监管中心即将投入使用，乌鲁木齐综合保税区已通过国家海关总署正式验收；扎实推进喀什、霍尔果斯经济开发区建设，霍尔果斯铁路口岸正式对外开放，阿拉山口、霍尔果斯口岸整车进口业务进展顺利。不断深化经贸交流合作，成功举办第五届中国—亚欧博览会等多项重大活动，新疆电子口岸正式上线运行，跨境电商出口货物通关成功，乌鲁木齐海关跨境电子商务试点正式启动，巴基斯坦哈比银行中华区总部落户乌鲁木齐高新区。扩大开行新疆西行国际货运班列，全年累计开行西行班列220列，是2015年全年80列的2.8倍。有效推进国际产能合作，支持特变电工、新疆广汇、新疆中兴能源等11家企业在周边国家建设产能合作重点项目14个。争取国家备案境外投融资规模11.9亿美元，落实世行、亚行等国外优惠贷款2亿美元，吸引外商投资4亿美元。

六、扎实推进民生改善，人民生活水平持续提高

持续推进重点民生工程建设。2016年，安居富民工程累计投入资金222.07亿元，建设完成安居富民房30万户，竣工率100%；各类保障性安居工程累计投入建设资金233.82亿元，实施各类棚户区改造15.3万户，为年度任务14.67万户的104.29%。争取中

央预算内投资 28.64 亿元，用于保障性住房配套基础设施建设。实施游牧民定居项目 1.08 万户，开工率 100%。落实易地扶贫搬迁、以工代赈资金等扶贫资金 19.04 亿元，实施 7665 户 2.6 万人的易地扶贫搬迁工程。全年完成 63 万人口脱贫、810 个贫困村退出、5 个贫困县摘帽。完成 150 个乡镇和 1720 个行政村的生活垃圾治理任务，着力改善农村人居环境。争取中央预算内资金 5.2 亿元，支持南疆四地州 1000 个村民服务中心建设，比上年（500 个村 2.6 亿元）增长 1 倍。农网新一轮改造升级、无电地区电力建设、农村饮水安全巩固提升、富民畅通工程等重点民生工程进展顺利。落实中央预算内投资 37.15 亿元，支持教育、卫生、文化、社会福利等公共服务领域 26 类近 1100 个项目建设。落实国家专项建设基金 18.5 亿元，支持职业教育、养老、体育和旅游等领域 47 个项目建设。特别是争取中央预算内投资 10 亿元，支持 552 所农村学前双语幼儿园建设，落实资金总额为“十二五”时期的 3.8 倍。支持“大众创业、万众创新”，加快推进创业孵化基地、创业园区建设，实施 1756 个“短平快”项目，1698 个项目建成投产，积极开展农民工等人员返乡创业试点工作，农村富余劳动力转移就业 275 万人（次），城镇新增就业 45.5 万人，城镇登记失业率控制在 4.5% 以内。加快健全社会保障体系，参加五项社会保险人数达到 3504 万人次。

七、强化节能减排和应对气候变化工作，生态文明建设加快推进

加强生态文明建设，争取乌什县、巩留县、新源县等 17 个县（市）新增纳入了国家重点生态功能区范围，自治区国家级重点生态功能区县（市）新增至 45 个，占全区县（市）数量的 48.9%。扎实推进特克斯县、玛纳斯县、昭苏县、哈巴河县 4 个国家生态文

明先行示范区建设。加强节能减排与应对气候变化工作，组织开展节能目标责任评价考核，全面推进固定资产投资项目节能评估和节能监察工作，强化节能目标责任硬约束。推动建立温室气体排放统计核算制度，完成全疆427家重点企业2011—2014年温室气体排放量盘查与核查工作。稳步推进碳市场建设，推动建立碳排放配额分配制度及配额注册登记、交易、市场监管体系。加快推进7个自治区级低碳城市和14个低碳社区试点工作。突出抓好工业、建筑、交通、公共机构等重点领域节能减排工作。单位地区生产总值能耗和二氧化碳排放强度同比分别下降2.44%和2.52%。

八、突出协调服务，对口援疆工作成效明显

加强规划引导，协调落实“十三五”援疆规划。“十三五”期间各援疆省市共安排援助资金796.5亿元，较“十二五”期间援助资金总量增长37.2%，援疆资金投入到民生领域和投入到县及县以下基层的比例均不低于80%。扎实推进援疆项目建设。全年到位援疆资金143.7亿元，援疆资金到位率100%，同比110.2亿元增加33.46亿元；已开工援疆项目1919个，援疆项目开工率100%。产业援疆工作力度进一步加大。自治区地方落实援疆省市经济合作项目2218个，实际到位资金2189.4亿元。发挥援疆资金作用，加大教育、医疗、人才等软性援疆项目力度，启动实施援疆资金资助内地普通高校新疆籍学生工作，共资助新疆籍学生2.37万余人，总金额达1.42亿元，保障新疆籍学生安心学习。

后 记

本书在编撰和修改定稿过程中凝聚了课题组成员的聪明才智，集结了各位同仁的辛勤汗水，特别需要指出的是，国家民委经济发展司等相关部门为研究提供了翔实的数据资料，给出了诸多建设性修改意见，在此一并表示感谢！同时，也非常感谢民族出版社各位编辑给予的修改意见以及在本书出版过程中付出的辛勤工作！

本书由国家民委经济发展司司长乐长虹任主编，国家民委经济发展司副司长王海青、中南民族大学副校长李俊杰教授任副主编。参与编撰工作的同志包括国家民委经济发展司朱卫东、万晓璐、马帅等，中南民族大学经济学院教师何立华、范小仲、毛中明、熊芳、何锋、孟庆雷等，以及来自内蒙古、新疆、广西、宁夏、西藏、云南、青海、贵州、甘肃、四川、重庆共11省（直辖市、自治区）相关部门的同仁。

课题组

2017年8月

图书在版编目(CIP)数据

中国民族地区经济发展报告.2017/国家民族事务委员会经济发展司编.—北京:民族出版社,2017.12
ISBN 978-7-105-15204-9

Ⅰ.①中… Ⅱ.①国… Ⅲ.①民族地区经济—区域经济发展—研究报告—中国—2017 Ⅳ.①F127.8

中国版本图书馆 CIP 数据核字(2017)第 315829 号

策划编辑:虞 农
责任编辑:张 华
封面设计:海龙视觉
出版发行:民族出版社
地 址:北京市和平里北街 14 号
邮 编:100013
网 址:http://www.mzpub.com
印 刷:虎彩印艺股份有限公司
经 销:各地新华书店经销
版 次:2017 年 12 月第 1 版 2017 年 12 月北京第 1 次印刷
开 本:880 毫米×1230 毫米 1/32 字数:132 千字
印 张:5.25
定 价:22.00 元
ISBN 978-7-105-15204-9/F·431(汉 341)

汉文编辑一室电话:010-64271909 发行部电话:010-64224782